今度こそなりたい
自分になる！

1冊まるごと「完コピ」読書術

あつみゆりか

PHP

◉はじめに

面倒くさがりの「三日坊主」が、たった1冊の本で人生が変わった

「〝今度こそ〟面倒なことを後回しにしないで、すぐやる力が手に入るかも」
「〝今度こそ〟モノだらけの部屋が片づけられるはず」
「〝今度こそ〟リーダーに必要なマネジメント能力が身につくかもしれない」

そんな期待を抱きながら、本をレジに持っていった経験が、きっと誰にでもあるでしょう。本書を手に取った「あなた」も、そうではありませんか？

では、質問です。

その本は、今どこにありますか?

部屋の四隅《よすみ》に目を向けてください。

積読《つんどく》になっていませんか?

ブックカバーにくるまったまま本棚にささっていませんか?

あるいは、ほとんど読まずにフリマアプリに売った本の履歴が残っているかもしれません。

でもそれは、**あなたのせいではありません。**

働いている方なら、毎日たくさんの業務をかかえているでしょう。

子育て中の方は、子どもと触れ合う時間をできるだけ多く持ちたいですよね。

勉強や遊びに全力投球の学生さん、読書どころではないその気持ち、よくわかります。

それなのに、なぜ多くの人は本を買うのでしょう?　本を読む時間すら取れない人であっても、なぜ読もうと頑張るのでしょうか？

それは、「こうなれたらいいな」という「なりたい自分」への欲求が、じつはとても強いものだからなのです。

「今よりもっと、良くなりたい」。そんな成長欲求を私たちは自分で意識しているよりも、ずっと強く持っているのです。

でも実際は**「なりたい自分」に到達することって、ほんとうに難しい。**めちゃくちゃ大変なんです。

何度も失敗したり、途中で投げ出したり、もう嫌になって「なりたい自分」像をなかったことにしてみたり、何をすればよいかわからず時間ばかりが経っていく。意気込んで買った本すら、結局、最後まで読めない。

そんなことってありませんか？

何を隠そう、まさに私が、それでした。

私はかつて三日坊主の常習犯《じょうしゅうはん》。さらに、大好きで毎日飲んでいたオロナミンCの空瓶を、捨てることなく70Lのゴミ袋いっぱいに溜《た》めるほどの超がつく面倒くさがり屋でした。そして20代から30代前半は、3人の子育てと仕事の両立だけでいっぱいいっぱい。キャリアアップに向き合う時間もほとんどない。

本を読むのも苦手で、活字を見た瞬間に睡魔が襲《おそ》いかかってくるほど。最後まで読めた本は、数えるほどしかありませんでした。

さらには25歳から3年間、専業主婦をしていたブランクまである。

そんな、「なりたい自分」になれない言い訳ばかりを並べてダメダメな思考を重ねていた会社員時代。

たったひとつのきっかけで、人生が大きく変わっていきました。

それが**「1冊だけを完全コピーするまでやり抜く読書」**。

これから皆さんにお伝えする「完コピ読書術」です。

絶対に、あなたも変われます！

こんにちは。あつみゆりかと申します。

現在は、2万5000人以上のビジネスパーソンに学びを提供する会社を経営しながら、「大人の学びプロデューサー」としてメンバー全員を売れる営業にするテキストを作成したり、会社の業績にインパクトを与える研修プログラムを開発したりしています。

ちなみに15年前、「完コピ読書術」を編み出した後は、大手WEBメディア「マイナビウエディング」の立ち上げ編集長に抜擢《ばってき》され、組織の基礎を作り、最大50人を束ねるマネジメントを経験。その後、一念発起し起業しました。

そして、このステップアップの陰には常に、1冊をとことんやり抜く「完コピ読書術」があったのです。

だから、もしも、あなたが今よりもちょっと上の「なりたい自分」を目指すためにこの本を手に取ってくれたのだとしたら。私は今すぐあなたのもとに駆け寄って、

「この本に出会ってくれてラッキー！　ほんとうにありがとう!!」

と言いながら、握手したい。だって、あなたが「なりたい自分」に変われる千載《せんざい》一遇《いちぐう》のタイミングに立ち会えたのですから。

でも今はまだ、半信半疑の人も多いでしょう。

「いやいやいや、たった1冊の読書で、変われるはずがない」

「だったら、これまで何百冊も読んできた自分はとっくに変わっているはずだ」

そう反論したくなる人もいるかもしれませんね。でも大丈夫です。

今まで変われなかったのは、たんにやり方を知らなかっただけ。

空瓶をゴミ袋いっぱいに溜めるほどズボラで面倒くさがりな私が、変われたのです。絶対に「あなた」も変われます。

私の師匠本『もしドラ』との出会い

私は完コピするべき本を**「師匠本」**と呼んでいます。

まさに師匠のように、一定期間、教えを請《こ》い続け、ずっと寝食を共にする。

漫画の『ドラゴンボール』で言ったら、悟空《ごくう》にとっての亀仙人。『ワンピース』で言えば、ルフィにとってのレイリー。『キングダム』だと、信にとっての王騎《おうき》将軍。

……ご存じない方は、文字通り「自分にとって偉大な先生」を思い浮かべてください。

そんなイメージで、1冊の本からとことん吸収するつもりで付き合うのが「師匠本」なのです。


ここで少し、「師匠本」が私に与えた影響についてお話しさせてください。


私が初めて完コピした「師匠本」と出会ったのは33歳のときでした。それまでの私のキャリアといえば、かなりパッとしないというか、スカスカ状態。

まず社会人歴2年ばかりの25歳で結婚・出産を経験し、いったん、専業主婦になることを選択しました。

そして3年間のブランクを経て2人の子どもを抱えながら復職したものの、「休んでいた期間を挽回《ばんかい》するような成果を！」と意気込んだのとは裏腹に、仕事と育児を両立するだけでも四苦八苦。WEBメディアの企画を担当するも、どれも空振り続き。「私の担当メディアは成果が出ない」というジンクスができるんじゃないかというくらい。そんなデキない自分に悶々《もんもん》とする日々が続きました。

この時期、「何か変えたい！」と読書が苦手なのに、往復2時間の電車通勤の時間を使って、いわゆる多読を繰り返していました。でもスキルが伸びた実感はほとんど得られなかったのです。

ところが3人目の子どもを出産した33歳。復帰後、マネジメントで行き詰まったときに、当時ベストセラーになっていた**『もし高校野球の女子マネージャーがドラッカーの「マネジメント」を読んだら』**（通称『もしドラ』、岩崎夏海著、ダイヤモンド社）をたまたま手に取りました。

この本は、野球部のマネージャーをしている女子高校生みなみが、「マネージャー」という言葉を「マネジメントをする人」ととらえ、世界で最も読まれている経営学書の1冊であるドラッカー著『マネジメント』を読むことから始まります。

そして、その教えにしたがいながら、まさしくマネジメント理論によって、弱小の野球部を甲子園出場に導くまでの物語が描かれた本です。

私は『もしドラ』を会社から帰る電車の中で読み、**自分でも信じられないくらい号泣しました。**決して感動の涙ではありません。実話ではないものの、

「女子高生にもできるマネジメントが私にはできていない。私のマネジメントはすべて間違っていたんだ」

という事実に絶望しての涙でした。

そこから自分のやり方をすべて捨てて、『もしドラ』1冊だけを師匠にすると、決めました。そして管轄《かんかつ》する営業部のメンバー全員を会議室に集め、『もしドラ』を手渡し、心からの言葉を投げかけたのです。

「このチームが目標達成できなかったのは完全に私の責任だった。今まで、ほんと

うにごめんなさい！　私はこれから自分のやり方をぜんぶ変える。だから、『もしドラ』みたいにこのチームで、達成を想像するとワクワクするような、甲子園に出場する級の目標を掲《かか》げて、その目標を泥臭く追いかけてみない？」

そう問いかけ、全員一致で『もしドラ』の完コピを決めました。

——**そこから起きたのはまさにドラマのような急展開。**メンバーが成長しないことを嘆いていたことがウソのように、全員が生き生きと120%の力を発揮し、売上もたった半年で3倍に伸びていったのです。

1冊の本を読んだだけで、どうして劇的な変化が起きたのか——。その秘訣は本編の第3章で詳しく明かしていきますが、この成功体験は私の中でとても大きく、人生を変えるインパクトをもたらしました。

もし、それまでと同様に『もしドラ』をなにげなく読み、得た知識を実践せずに、また似たような本に浮気をしていたとしたら……。きっと私は自分のマネジメントを立て直すことから逃げ出し、組織もバラバラになっていたでしょう。

さらに私は「完コピ読書術」をマスターしたことにより、いつでも必要なときに必要な学びを深く行なうことができるようになりました。

そしてその後も2冊目の師匠本である、『そうか、君は課長になったのか。』(佐々木常夫著、WAVE出版)を完コピして、課長になり、その功績が認められ、編集長となり、現在の会社を起業するに至っています。

25歳で専業主婦になった私からは想像もつかない、まったく違う人生を手に入れていったのです。

凡人が編み出した読書術だから、誰でも習得できる

だから、皆さんに声を大にして言いたいことがあります。

「安心してください。誰でもできる読書術ですよ」

と。「完コピ読書術」は、いたって普通の凡人が編み出したノウハウなのです。

元外資系コンサルティング勤務、あるいは東大卒など、もともと頭が良かった人、能力が高かった人が編み出したノウハウは世の中にたくさん溢《あふ》れていますが、私にはそんな経歴はありません。

「なーんだ、それなら興味がないよ」

と思った、そこのあなた。説得力がないと思われたんですよね？　たしかに私は名門大学卒でもないし、名だたる大企業に勤めていたわけでもありません。

でも言わせてください。

だからこそ「誰でもできる」読書術が作れたんです。小さいころから本の虫でもない。何度も「本を読め」と言われても、なんか気がのらない。そんな私が、人生を変えることができた読書に関するノウハウです。

中学生でも、忙しい主婦でも、ビジネスパーソンでも、ミドル世代でも、誰でも今の自分から眺めたときの「なりたい自分」になれるノウハウなのです。賢いあなたなら、なおさら簡単に習得できるはずです。

「似たような本をまた買っちゃったよ」もなくなる

じゃあ完コピってどうやるの？　と興味を持ってくださった方のために、その方法を少しだけ先にご紹介します。

「完コピ読書術」の基本の流れは、以下の通りです。

「師匠本」を見つける……第一部
↓
「師匠本」を読む……皆さん自身で行なってもらいます
↓
「なるほど」を書き出していく……第二部
↓
実行に移す……第二部

第一部では主に、「なりたい自分」が明確化できていない人や「師匠本」が決まっていない人に向けて、その選定方法や向き合い方をお伝えしていきます。

そして第二部では「完コピ読書術」の真髄《しんずい》である「読書をいかに実践に結び付けていくのか」、その方法をたっぷりご紹介していきます。

また多くの人の読書におけるお悩みを聞いていると、ざっくり3つに分けることができます。

①たくさん本を読んでいるのに身につかない
②自分にピッタリの本を見つけられない
③本を読んでも、すぐに忘れてしまって実践できない

本書はそのどの悩みにも効果を発揮する読書術です。だからこそ、自分の課題感に合わせて、該当する章から読み進めても良いでしょう。

さらに！

これらの悩みを抱えていると陥《おちい》りがちな「また似たような本を買っちゃったよ」なんてガッカリも、これからはなくなります。

［図1］読書の悩みの3タイプ

1 たくさん本を読んでいるのに身につかない

特に読んでほしい章
【第1章】多読の誤解と1冊をやり込む効能
【第3章】ストーリーで学ぶ！「完コピ読書術」

2 自分にピッタリの本を見つけられない

特に読んでほしい章
【第2章】なりたい自分に導く「師匠本」の選び方
【第3章】ストーリーで学ぶ！「完コピ読書術」

3 本を読んでも、すぐに忘れてしまって実践できない

特に読んでほしい章
【第4章】「完コピ読書術」の全貌公開！
【第5章】うまくいかないときの対処法

本は使い方が9割。人生を劇的に変える完コピ

いまや男女問わず育児と仕事を両立する時代。そして、型にとらわれないキャリアを推進していかなくてはなりません。「完コピ読書術」は、自分らしい働き方をしたい、そんな20代、30代にうってつけのノウハウです。

また、今までとは違ったスキルを身につけ、かけ算でキャリアを築いていく「リスキリング」が求められる時代でもあります。本書は、ミドル世代以上が、人生後半を充実させるための指南書にもなります。

「マーケティングを完コピしたら、女性初の役員になりました」
（40代会社員）

「数値化メソッドを完コピしたら、事業の発想が生まれて起業しました」
（50代自営業者）

「マネジメント法を完コピしたら、夫との家事分担や子育ての悩みも消えました」
（20代 育休中の会社員）

これらはすべて「完コピ」をマスターした先輩方の結果です。

そして「なりたい自分になれた」という成功体験が、その後の人生のステージをどんどん変化させていきます。

本は使い方が9割。そのやり方は、この『1冊まるごと「完コピ」読書術』にすべて書きました。

じゃあ残りの1割は？

それは**「1冊の師匠本に絞って、やり抜く」ことを決断する、あなたの覚悟**です。

「完コピ読書術」を完コピする心の準備はできたでしょうか？

それではさっそく、あなたの人生を劇的に変える方法を学んでいきましょう！

目次

Contents

第2章 あなたが読むのは、たった1冊でいい

❖なりたい自分に導く「師匠本」の選び方

Contents

第二部 「運命の1冊」を読み切る

第4章 「師匠本」を100％あなたの中に落とし込む技術

❖「完コピ読書術」の全貌公開！

Contents

Contents

第5章 「完コピ」の振り返りを徹底して「なりたい自分」になる

❖うまくいかないときの対処法

装丁◉井上 新八
本文デザイン・組版・図版◉齋藤 稔（株式会社ジーラム）
企画協力◉ブックオリティ
編集◉大隅元（ＰＨＰ研究所）

第一部　「運命の1冊」と出会う

『1冊まるごと「完コピ」読書術』へようこそ！

第一部のゴールは、人生を変える「師匠本」を見つけること。どうしてこれまでの読書ではうまくいかなかったのか。本との向き合い方を考え直すことで、あなたは「運命の1冊」にきっと巡り合えるはずです。ぜひ、ワクワクしながら読み進めてみてください。

第1章

なぜ何十冊読んでもあなたは変われなかったのか

❖多読の誤解と1冊をやり込む効能

新しい読書習慣 1

情報収集なら「多読」、スキルを身につけたければ「完コピ」

「いよいよ自分を変える画期的な読書法が学べるんだ」

ワクワクしながらページを開いてくれた皆さん。ありがとうございます！

「完コピ」の具体的な方法論をお伝えする前に、ちょっとだけお時間をください。

今から、あなたが抱く、読書に対する「誤解」を解いていきます。

そうすることで、なぜ「完コピ読書術」があなたにとって有益なのかがわかり、この本を無理なく読み進めていけるはずだからです。

読書の誤解 1 「多読はエラい」
――ダイエットも、読書も、どうしてうまくいかないのか

「たくさん本を読みなさい」
「本をたくさん読めば、頭が良くなる」

皆さんは、幼いころから両親や学校の先生、社会に出てからは職場の上司や先輩にそう言われてきませんでしたか？

でも今、この瞬間から、むやみな「多読」はやめてください。

私たちは、今まで「多読できる人はエライ人」「多読しないと賢くなれない」と

いうすり込みを受けてきました。

しかし、それは大いなる誤解です。少なくとも唯一解ではないと断言できます。

事実、**私自身が行なった多読はとても効率の悪い方法でした。**

たとえて言うならダイエット。

痩せたい！　と思ったときに、さまざまな本を読んだり、あらゆる手法を試したりしても、いっこうに体重が減らない。ウエストも細くならない。

そんな実体験をお持ちではないですか？

じつは多読もこれと同じ。自分に合う「やり方」探しに時間をかけて、肝心の「実行」に時間をさけていない状態になりやすいのです。

もちろん、例外はあります。

新しい分野をひと通り知りたいとか、論文を書くとか、そういう目的があれば多読も有効です。根拠のある説明をしたり、興味を持ってもらえる文章を書いたりするには、多くの情報をインプットしておくに越したことはないからです。

ただ「なりたい自分」を目指すのであれば、正直、効率が悪すぎます。いろんな本に目移りする時間がもったいないので、私はおすすめしません。

また純粋に多読を楽しんでいる人もいると思います。それ自体はとても素敵なことですし、本をたくさん読める読書家さんを私は尊敬しています。

でもスキルを身につけたいと思っている人から、

「たくさん本は読んでるんだけど、あんまり身につかないんだよね」

と相談されたときには、

「それは『お散歩型』読書になっていませんか？」

と問いかけます。

目的地に確実に着くことよりも、それまでの景色を楽しんだり、偶然出会った2～3の情報を収集する、という状態になっていませんか？　と。

つまり、本を読む目的が定まっていないのです。

しかし、「なりたい自分」になるための読書は、むしろ「お散歩」ではなく「登山」に似てしかるべきです。

予定やコースを決めずに登山をする人はいません。ほとんどの人が事前に計画を立てて山に登るでしょう。

頂上を目指すときに天候や、地形、自分の体力を考慮し、最適なルートを決めて、ひたすら進む読書。

1冊に書かれたノウハウを、何度もしつこく実践して「なりたい自分」に近づいていく。

これが、人生を変えるほどのインパクトにつながる「完コピ読書術」なのです。

[図2]　「お散歩型」読書と「登山型」読書の違い

「お散歩型」読書
その間の景色を楽しんだり偶然出会った2～3の情報を収集する
「なりたい自分」になれるかは運任せ
情報
情報
情報
情報
「登山型」読書
なりたい自分
頂上を目指して天候、地形、自分の体力を考慮し、最適なルートを決めてひたすら進む読書
「なりたい自分」へ着実に近づける！

読書の誤解2　「もっと参考になる本があるはず」

――ハズレ本なんて世の中に存在しない

じつは、**一流と呼ばれる人は、すでにこの「完コピ読書術」を実践しています。**

「星野リゾート」の代表・星野佳路《よしはる》氏の読書法はまさにそれです。

星野氏は、課題を解決する「教科書」となる本を見つけると、常にその1冊を持ち歩き、メモをして徹底的にマネするそうです。

たとえば、フラットな組織文化を説いた『社員の力で最高のチームをつくる――〈新版〉1分間エンパワーメント』（ケン・ブランチャードほか著、星野佳路監訳、御立英史訳、ダイヤモンド社）。

社員の能力を活かしながら、組織を再生する手順がストーリーで描かれていますが、先代から事業を受け継いだ星野氏は、組織改革を進めていくときに、同書を何度も何度も引用したそうです。

だから「なりたい自分になる」読書では、延々と青い鳥を探すように「もっと参考になる本探し」を繰り返してはいけません。ただ数だけを誇る年間100冊読書なんて、ちっとも自慢になりません。ましてや、たくさん本を読むための「速読法」のトレーニングなんて、まったく必要ないのです。

心から完コピしたいと思える、1冊の「師匠本」に絞り、その本だけを、ひたすらやり抜くことを決意する。これが大事なのです。

また「1冊の本だけを信用することはできない」という人もいます（私は「浮気性タイプ」と呼んでいます）。

そんな移り気な読書家さんの多くは、本を選ぶ自分の感覚が、最も信用できないんだと思います。正しいステップを踏んで根拠をもって「これだ！」と思える本を選ぶことができていれば、その本を必ず信用できます。

「自分で選んだ本はハズレが多いんです。どんなふうに本を選んでいますか？」

という質問をよくもらいますが、私は完コピするべき本を選ぶのに失敗したことは一度もありません。

でもこれは決して才能ではなく、**運命の1冊と出会うためのコツを知っているから。**それ以外ありません。

そのコツさえ押さえていれば、誰でも必ず、「運命の1冊」に出会うことができます。そのコツはこれからお伝えするので、お楽しみに。

読書の誤解3 「実践するのは2つ3つで良い」
――美味しいハンバーグを作るように本を読もう

さらにもうひとつ、皆さんが抱きがちな大いなる誤解を解いておきたいと思います。

それは「1冊の本から実践するのは2つ3つで良い」というもの。
「はじめに」などに、そう書いている本を見かけませんか？

これは、読者に本を手に取りやすくするための「販促ワード」かもしれません。
あるいは「読者はどうせそんなに実践してくれないでしょ」という著者側の諦めにも似た思い込みからの言葉だったりするかもしれません。

しかし、この販促ワードに甘えて1冊の本から2つ3つという最小限の実践しかやらなかったとしたら……。残念ですが、期待する効果は得られないですよね。

たとえば、美味しいハンバーグのレシピを思い浮かべてください。
材料の切り方にも、焼き方にもソースの材料にも、ふわふわでジューシーなハンバーグを作るためのノウハウが込められています。ハンバーグのレシピを読んで、みじん切りのやり方だけを取り入れる人はいませんよね。

1時間にも満たない調理レシピなら、私たちは最初から最後までマネするものです。

余談ですが、料理が下手な人ほどレシピを端折《はしょ》って適当にマネする傾向があると、以前、料理研究家の方が言っていました。

でも、レシピ本よりも、もっと複雑でさまざまなノウハウが書かれた「本」となると、そのなかの2つ3つを実践すれば十分では？　と思ってしまうのはなぜなのでしょう。

「はじめに」に書いてあるのだから信じるのも無理はありませんが、読書の効果を得たいなら、むしろ逆。「本」こそ1冊まるごと実践しないと、いつまでたっても美味しいハンバーグは作れないし、「なりたい自分」には近づけないのです。

[図3]　料理も読書もレシピを忠実にマネすることから

COOKING
ふわふわでジューシーなハンバーグを作るための**レシピを完コピする**
から美味しく出来上がる！
1冊まるごと**完コピするまで実践**するから、**「なりたい自分」**になれる！

新しい読書習慣❷

「完コピ」は、いつどこにいても始められる最高の独学術

「私、自分だけでやっているとすぐにサボっちゃうタイプなんです。だからスクールとか、強制力がはたらく環境のほうがいいんですよ」

読書法の話をすると、こうした反論をよくいただきます。

しかし、数か月後の様子をたずねると、

「なんだかんだ通うのが大変で、最近、行けてないんですよ」

「先生と合わなくて、やめちゃいました」

などの理由で中断しているケースが、ざっと換算すると7割くらいあります。

思い当たる方もいるのではないでしょうか？
そんな人にこそ、「完コピ読書術」を全力ですすめたいです。

コスパ&タイパ抜群だから、ムリせず続く

たしかにスクールは読書と比較すると「先生」という存在がいることで、強制力がはたらきやすくなります。スクールに通う習慣が作れる人にとっては、向いているケースもあります。

しかし、この**「通う習慣作り」って考えると、じつはけっこうハードルが高いん**です。

平日であればお仕事の状況で行けない日も当然、出てきます。またお休みの日も、疲れちゃって足が遠のいてしまったり、「今日はなんとなく気乗りしないな」とキャンセルしてしまったり。そのたびに、「なんて自分はダメな人間なんだ」と自己嫌悪にさいなまれるものです。

何を隠そう、三日坊主の常習犯である私も、張り切ってスクールに申し込んだものの、ほとんど利用せずに退会した経験は一度や二度ではありません。そのたびに、大金を捨ててしまった、と何度、後悔したことでしょう。

その点、「読書」なら、自分がその気になれば、いつでもどこでも学習することができます。

本代は多くが2000円以内。スクールと比べたらコストパフォーマンスは最強です。また自宅からの往復の電車やガソリン代も、時間もかからない。

いわゆるタイパ（=タイムパフォーマンス）としても最高です。

「せっかくお金を払ったんだから、通い続けよう」

この決意もしょせんはすべて、あなたの意思にゆだねられている。

でも外からの強制力に頼ったところで、結局、やらなければ元も子もありません。

それならコスパ&タイパが良くて、ムリせず続けられる「読書」のほうを決意してみませんか？

お金も時間もかからないから、行動するためのハードルは低いし、どこでもすぐにスタートできる。ちょっと時間ができたスキマ時間で、再開するのも簡単です。

今まで「読書は続かない」と思っていたのは、そのやり方を知らなかったからです。大丈夫。あなただって、必ず「読書」という「独学」が身につきます。

「金メダル妄想」で三日坊主を克服!
——頭のいい人にも追いつける

『GRIT やり抜く力——人生のあらゆる成功を決める「究極の能力」を身につける』(アンジェラ・ダックワース著、神崎朗子訳、ダイヤモンド社)という本を知っていますか?

成功する人は、「ひとつのことをやり抜く力(=グリット)」の高い人だということを科学的な根拠とともに教えてくれる本です。

そのなかの調査によると、やり抜く力の高い人は最終的には良い成績を残す傾向にあり、逆に成績がもともと良い人は意外にも、やり抜く力が低い傾向にあると言います。

つまり、**この「やり抜く力=グリット」を高められれば、私たちはもともと頭のいい人に追いつける。人生を逆転できるんです!**

じつは「完コピ読書術」では、この「グリット」も高めることができます。

その証拠に、私は「完コピ読書術」を身につけることで、長年の三日坊主を見事に克服しました（何人もの人から「おかしなものでも食べたの？」と驚かれたほどです）。

そのときに大切になるのが、本を完コピする前に行なう**「金メダル妄想」**です。

オリンピック選手は、表彰台に上って金メダルを首からかけられる瞬間や、ヒーローインタビューの様子をイメージしてトレーニングするといいますが、それにちなんだネーミングです。

本のノウハウを手に入れたことで叶《かな》う、自分にとっての「金メダル＝成功の状態」を必ずイメージしましょう。そしてその瞬間をできるだけくわしく映像化するんです。

「マネジメントがうまくできるようになって、部下から慕《した》われている自分」

「ダイエットに成功し、同窓会で友達から『変わらないね』と称賛されている自分」

「数字に強くなって、プロジェクトの責任者を任されて、さらには社長賞までとっちゃってる自分」


誰に言うわけでもない、自分だけの妄想です。

ぜひ遠慮することなく、**「こうなったら最高！」**という状態をドラマの主人公になったつもりで明確にイメージしてください。


そして、そこに心理的なハードルがある人ほど、気づくはずです。

行動にブロックをかけているのは「自分」だってことを。

「そんなふうには、なれない」と思い込んでいるのは、じつは誰でもない「あなた」自身なのです。


「自分」を信じてあげましょう。

少なくとも「自分」だけは、一番の味方でいてあげましょう。

そうすれば、この「金メダル妄想」は三日坊主の対策に絶大な効果を発揮します。明確にイメージした妄想は、諦めそうになったとき、逃げ出しそうになった瞬間に突然、パッと鮮明な映像で現れてくれます。そして、

「ねぇ。理想の自分になれなくていいんだっけ？　諦めていいんだっけ？」

とあなたに問いかけてくるのです。

しかもポジティブな妄想だからこそ、その問いかけは優しく、心地よい。イソップ童話の『北風と太陽』で言えば完全に「太陽」。諦めそうになった自分を温かく、ただしてくれます。だから続くんです。

そして、これが「完コピ読書術」が「独学術」と言えるゆえんなのです。

突然、「プロジェクトX」のテーマ曲が頭に流れる

こうして独学の成功体験を重ねた私は、今、ゴルフでは練習の鬼と言われるようになり、特に運動神経が良いわけでもないのに、始めて2年でスコアも100を切ることができました。

「金メダル妄想」で、ゴルフが上手にできるカッコいい自分をイメージすることで、練習が苦ではなくなったからです。

むしろ**「金メダル妄想」で描いた自分に近づくプロセスが楽しくなり、その結果、やり込むことができた。**つまりグリットを上げることができたのです。

仕事でも同じように効果があります。大人の学びプロデューサーとして作り出したコンテンツが、2万5000人以上の方にご利用いただくに至っています。

「他の学習コンテンツよりも圧倒的にわかりやすくて、楽しかったです！」

そんな言葉を次々にかけられる「金メダル妄想」をして、コンテンツに磨きをかけ続けてきた結果です。作って終わりではなく、「金メダル妄想で描いた状態にもっと近づくには、どうしたらいいんだろう?」と、しつこく研究するそのプロセスを楽しめたからだと思います。

「金メダル妄想」力を手に入れれば、プロセスを楽しめるようになるんです。

たとえば、成功者が出演する番組「プロジェクトX」(NHK)に出ることを金メダル妄想したクリエイターの方は、もがき苦しんでいるときに中島みゆきさんが歌うテーマ曲が頭の中で流れて、その状況を楽しんだ、と言っていました。

ぜひともマネしたい素晴らしい「金メダル妄想」です!

そう。いつだって誰だって完コピするまでやり抜くことを楽しめば、「なりたい自分」になることができる。

だから恥ずかしがらず、ワクワクするような大きな妄想をしちゃいましょう。

本を読む前に、
「金メダル＝成功の状態」を
必ずイメージしよう。

できるだけ詳しく、できるだけ鮮やかに。

その「映像」が
行動を押し進めてくれる。

新しい読書習慣❸

「完コピ」は、「もっと〇〇になりたい」を100％叶える自己実現法

「〝もっと〇〇になりたい〟って、何でも良いんですか？」

もちろん何でも良いです。

「やせたい」「こんな生活を送りたい」「片づけ上手になりたい」というプライベートなことはもちろん、「若手との1on1で会話が続かない」や、上司から「もっと数字に強くなれ」と言われているなど、仕事における課題でも構いません。

ただ、**せっかくなら何度も挫折している積年の「なりたい自分」にチャレ**

ンジしてみてはどうでしょう？

「それを手に入れたなら人生が大きく好転する」と憧れ続けているものだと、ベストですね。

考えてみてください。

そもそも、なぜ今まで「なりたい自分」に到達できなかったんでしょうか？

それは私たちが、1冊をとことんやり抜く「読書術」を学んだ経験がなかったからではないでしょうか。

子どものころから国語は必須科目としてやってきました。著者の意図をくみ取ったり、書いてあることを論理的にまとめたり。そうした方法は学んできたはずです。

でも、本を読んで日常生活に活かす方法や、「なりたい自分」になる方法を習ったことがある人は、ほとんどいないでしょう。

そう、**私たちの学びは「読んで、わかる」で、止まっていたんです。**

そして「読んだ後」はぜーんぶ、自己流に任されてきました。

だから「なりたい自分」になるためにどんな行動をするのかも、何もかも自分で考えて実行しなくてはいけなかったんです。これはとてつもなく大変です。

たとえるなら、バスケットボールでドリブルのやり方は教えてもらったけど、「試合で勝つ方法は自分で考えて」と言われているようなもの。そもそも点を取るシュートさえ教えてもらってない状態なのです。

「忘れない読書」いつまでやるか問題

また、読書のゴールを「忘れない」に設定している人たちもいます。

「1度読んだら忘れない読書術」「早く読めて忘れない読書」とか。「忘れない」をキーワードにした読書法を紹介する本は、皆さんの課題の深刻さを象徴するように、書店でたくさん目にします。

では、なぜ「忘れない」と良いのでしょう？

それは、きっと「読んで忘れちゃうと、せっかく得た知識を活かせない」から。

逆に言うと**「思い出せば、実践する機会が自然と増える」なんて考えているのではないでしょうか。**

だとするなら、なんと楽観的なことでしょう。

「実践」は目指さなくても、自然とできるものだなんて、「実践」を甘く見すぎていると思います。

- 仕事中に、どうやってノウハウが書かれたところを効率よく取り出すのですか？
- 仕事仲間と、本で得た1冊分の知識をどうやって共有するのですか？
- 何回くらい、実践すれば良いのですか？
- 行動はどうやって管理すれば良いのですか？
- うまくいかないときは、どうすれば良いのですか？

[図4]　ゴール設定による「読書進化論」

ちょっと考えただけでも、「実践」について、お伝えしたいことは溢《あふ》れてきます。

私から言えば**「忘れない」はあくまで通過点。目指すゴールではありません。**

でも不思議なもので、「実践」して、できる状態（＝「なりたい自分」）になることをゴールにして、そのやり方を解説する読書法はこれまで、ほとんどありませんでした。

だから、本を読む前のあなたに声を大にして言いたい。

最初から「なりたい自分」になることをちゃんと目指しましょう！

読書のゴールを「わかる」「忘れない」ではなく、その先の「なりたい自分」になることに置きましょう。

これはまさに、「読書進化論」とでも言うべき読書の革命です！　ゴール設定を変えるだけで、世界が変わるのですから（59ページ図4参照）。

読書版「精神と時の部屋」で修行をする

漫画『ドラゴンボール』に出てくる「精神と時の部屋」という場所をご存じでしょうか。

重力が10倍になって、その空間にいるだけで動けないほどの圧を感じる特別な空間です。主人公の孫悟空《そん》は、今の自分では太刀打《たちう》ちできない壮大な敵と出会ったとき、決まってそこにこもって、修行をするのです。

そして、厳しい修行を経て着実にパワーアップした悟空は宿敵を蹴散《けち》らしていくのですが、「完コピ読書術」も、この「精神と時の部屋」での修行に似た状態だとイメージしてもらうと良いと思います。

「完コピ」の期間は、とにかく、しつこいくらいに修行だと思って特訓し続ける。これに尽きます。

「大変そう！」と思うかもしれませんが、何冊読んでも変われない、なりたい自分になれないほうがよっぽど大変。

だって時間も労力もお金も、思いのほかたくさんかかっているんですから。

あなたも勇気を出して読書版「精神と時の部屋」である「完コピ読書術」の世界に入りませんか?


想像してください。

悟空が部屋から出たときに何倍も強くなったように、「完コピ読書術」後のあなたも自信がみなぎっていることでしょう。早く、たくさんの実践を重ねたい! そんなやる気と万能感に包まれているはずです。

それは、まるで優勝候補との決勝を制して、トロフィを手にした翌朝のような感覚かもしれません。

「こんな自分になれたなんて、夢みたい」

とほっぺをつねりながらも、清々《すがすが》しい達成感が全身を包み込む。そんな体験があなたを待っているんです。ぜひそんな「金メダル妄想」をしながら、本書も読み進めていってくださいね。

目の前にある1冊の本は、
「○○になりたい」を叶える
夢のパスポート。

第2章

あなたが読むのは、たった1冊でいい

❖なりたい自分に導く「師匠本」の選び方

「師匠本」選び❶

「なりたい自分に導く1冊」が見つかる5つの心得

「完コピするべき本をどうやって選ぶのですか？」

いよいよ、この話題に移っていきましょう。

前にも言いましたが、私は完コピするべき本を**「師匠本」**と呼んでいます。

まさに「師匠」のように一定期間、教えを請《こ》い続ける存在であり、ずっと一緒にやっていくパートナーのような存在です。

それだけに、その選び方もめちゃくちゃ重要となります。

そして**この「師匠本」探しは、最初に終わらせなくてはいけません。先延ばしせず、一気にやってください。**

童話『青い鳥』のチルチルとミチルのように、いつまでも青い鳥を探すがごとく「もっと参考になる本探し」を続けてしまう、時間の無駄を防ぐためです。

「でも、そんな師匠級の本には、なかなか巡り合えません」

そんなあなたにお聞きします。

ワーク

あなたが本を選ぶ基準ってなんでしょうか？　あなたの本棚を眺めながら考えてみましょう。

どうですか。本を選ぶ基準って意外と言語化できていないんだな、と気づいた人は多いのではないでしょうか？

だから、多くの人がいわゆるベストセラーの本を買って、とりあえず読んでみるのでしょう。もちろん、本を選ぶ基準として完全に否定するわけではありません。

しかし本来、**私にとっての「良い本」と、あなたにとっての「良い本」は違うはずです。**

置かれている状況も、性格も、課題も違う。ベストセラーが当てはまる保証はないのです。

「なんか難しそう」と思った方。大丈夫です。

「本棚から『師匠本』を見つけ出す1時間集中ワーク（102ページ）」など、ここから「師匠本」選びのやり方をしっかり説明していきます。

でもまずは準備運動として、最初の心得をお伝えしますね。

それは**「この人なんか好き」という感覚。**これに従うことです。

リアルな人でも、映画やアニメのキャラでも、好きな人の言葉は響いて心に残ります。逆に、「この人、なんか癪《しゃく》にさわる……」。そんな人の言葉は、たとえそれがどんなに良い言葉であっても素通りしてしまうものです。

これは本も同じ。**本には多かれ少なかれ著者の性格がにじみ出るものです。**

ですから、まず読んだときに「なんか好き」「憧れる」「面白い」「カッコいい！」など何でも良いのでポジティブな感情がわき出てくる本は、それだけで「師匠本」候補と言えます。

「師匠本」選びの心得①

著者へのポジティブな感情（「好き」「憧れる」など）に敏感になる

運命の出会いは、偶然？　それとも必然？

突然ですが、あなたは、**「この人との出会いで人生が変わった」**と思ったことはありますか？

そこまで大げさなものではなかったとしても、自分の今までの価値観がちっぽけに見えたり、その人を尊敬してマネしたいと憧れたり、その人と過ごす一分一秒が新鮮で、些細《ささい》なことも見え方が一変した。世界をとらえ直すような感覚になった。

そんな素敵な「師匠」と呼べる存在はいたでしょうか。

それは文字通り、学校の先生かもしれないし、先輩や友達かもしれない。あるいは恋人がそうした存在だったかもしれません。

人生で1人や2人、そんな存在と出会えたと思える人はとても幸運でしょう。

では、**目をつぶって、その人と過ごした日々を思い出してください**（いない人は、想像してみてください）。

キラキラした青春にも似た空気感と共に、当時の映像がよみがえってきたことでしょう。そして、また今の自分にピッタリの「師匠」がいたらなぁ、そんな気持ちがわいてきませんか？

ここで「師匠」との素敵な時間がなぜ、あなたの人生に影響を与えるに至ったのかを構造的に考えてみましょう。

①「師匠」に対して好き、憧れるなどポジティブな感情が生まれる
②一定期間、一緒に居続ける（師匠から意識的に学び続ける）
③自然と考え方や行動に影響を受ける
④無意識に実践している
⑤気がついたら、以前とは違う自分になっている

特に「③自然と考え方や行動に影響を受ける」のときには葛藤もあったでしょう。「なぜ、そんな行動をするの？」「どうして、そんな考え方ができるの？」とイラ立ちにも似た疑問をぶつけたり、ときには自分を否定されているような気持ちになって反発したり、ケンカに発展したりする。

でもそうしたぶつかり合いや自己葛藤を経て、だんだんと「④無意識に実践している」ことが増えていく。その積み重ねが「⑤気がついたら、以前とは違う自分になっている」という状態にあなたを導いていくのです。

一方で、そんな存在と簡単に出会えるものではないのも現実。そうした出会いを経験した人でさえ、「あの出会いは偶然だった」「そのときの自分の心とピッタリ重なる人物と、すごいタイミングで出会った」と感じることも多いはずです。

でも大丈夫。

これからは「1冊の本」がそんな存在になります。

あなたと常に一緒にいてくれて、あなたの価値観に問いかけ、考え方や行動をアップデートしてくれる。最初は反発することも、うまく実践できないこともあるでしょう。でもだんだんと実践回数も多くなり、気がついたら以前とは違う「なりたい自分」に近づいている。

振り返ったら「あの本で私の人生は変わった」そんなふうに思える、あなたの一生の味方となる「師匠本」との出会いが、これから生まれるのです。

それはまるで、運命を自らの手でたぐり寄せるようなもの。

「師匠本」との出会いは偶然？

いえ、本書を読んでいるあなたは、必然をつくりだせるのです。

「師匠本」選びの心得 ②

あなたの価値観をアップデートし、「なりたい自分」に導いてくれる「師匠本」が必ずあると信じる

「師匠本」は、あなたの本棚に埋もれている

「あー、今回もまた、読むのをやめて放置してから1週間経ってしまった……」

こんなことが多発するほど、私はそもそも、本を読むのが苦手でした。

すごく意気込んで買ったのに、途中で難しいところにぶち当たって、その後、本を閉じてしまったことは数知れず。本を読むたびに、そんな敗北感を味わってきました。

本嫌いを自称して、はじめから「読み切れないかも」と自分に言い訳をする。でも不足感は解消できないから、また読書をする。そんな不毛なことを繰り返してきました。

これは、きっと私だけじゃないと思うんです。こうした「しくじり」を多くの人

が体験しているんじゃないでしょうか？

買ってはみたけれど本棚にキレイに収納されただけ。あるいは本棚にも入れられず部屋に溢れている。あるいはダウンロードはしたけれど読み途中の本が携帯アプリにいっぱい並んでる。そんな人も多いはずです。

もしもあなたが、かつての私と同じタイプなら、**今すぐ自分の本棚（あるいはアプリの画面）を眺めてください。**

そこには自分が知りたかったこと、成し遂げたかったこと、なりたい自分を象徴しているタイトルが並んでいるはずです。

そう、それらはすべて「なりたい自分」のカケラたち。

「ついつい、同じジャンルの本を買っているなぁ」

そう気づけたあなたはラッキーです！　それは、あなたの潜在意識からのサインだからです。あなたは心から、そのジャンルのノウハウを欲しています。

また、それらの本のなかで、

「この本めちゃくちゃ参考になるな！」

と思ったのに、1回しか読んでいない。そんな本はありませんか？

それらも立派な「師匠本」候補となります。「完コピ読書術」を習得すれば、そうした本とより深く付き合えるようになるからです。

読書が苦手な人ほど「師匠本」はあなたの本棚に埋もれている可能性が高いのです。

「師匠本」選びの心得 ③
本棚を眺めて「なりたい自分」と「師匠本」をイメージする

最大の敵は「浮気心」

「師匠本」選びは恋人選びと似ています。まずは、ビビッとくる直感を大事にしてください。

だけど、それだけだと長続きしない。自分のなかでゆずれない条件をクリアしているか、しっかり見定める必要があります。
一方で、ここが気に入らない、こんな人だとは思わなかった、などと減点評価で考えていくと、理想ばかりが高くなって、

「そんな人は、いないよ……」

と友人たちから呆れられてしまうような条件を並べることに。
これは「師匠本」選びもまったく同じ。あれもこれも違うと減点方式で本を見て

いては、いつまでたってもあなたに最適な「師匠本」とは出会えないのです。

だから、「師匠本」選びには「基準」が必要です。

その「基準」を明確にするワークはこの後、しっかりお話ししますが、その前に肝に銘じていただきたいことがあります。

それは**「浮気」しないと決めること。**

「師匠本」を完コピしているときには、その分野に関する感度がビンビンに高くなります。そのため、インターネットの記事、雑誌などで似たようなノウハウを持った著者や本との「出会い」が自然と多くなるはず。それ自体は良いことです。

でもそんなときこそ、「この本もいいな」「あの本も面白そう」と目移りしてはダメ。「師匠本」を替えたい気持ちになったら、それは「浮気」です。

大学に通う長女が、彼氏との話をしてくれました。

「私は気が付いた。**誰と付き合うか以上に、どう関係を構築していくか、それが大事だと。**それなくしては、どんな人と付き合っても結局は一緒だと思う」

人間関係の核心を突く気づきに舌を巻きました。20歳そこらの娘がそんな境地に達したなんてすごいな、と。

というのも樹木希林《ききき りん》さんが、娘でエッセイストの内田也哉子《ややこ》さんに、語った話とまったく同じだったからです。

「夫婦喧嘩をして『もう、別れるかもしれない』と母にこぼすと、『**相手を変えても何ひとつ変わらないよ**』と言われたの」

そう内田也哉子さんはインタビューで答えていました。

相手が悪いのではない。相手に求める前に、自分のあり方自体を問い直すべきだ、という意味だと思うのですが、これは人間関係のすべてに当てはまるでしょう。

そして「師匠本」選びや本との向き合い方にも共通する考え方だと思うのです。

もちろん、「師匠本」を絶対に替えてはいけないというわけではありません。でも替えるのなら、その都度《つど》、何が合わなかったのかを言語化しておくこと。

もうひとつ、**「師匠本」のチェンジは、どんなに多くても3冊まで。**

その覚悟があれば、どんどん「師匠本」選びはうまくなり、失敗しなくなるのです。

そして別の本を新たに読む時間があるなら、その時間は「実践」にあててほしいと心から思います。

だって、**私たちの目標は本を読むことではなく、「なりたい自分」になることなのですから。** 知識をやみくもに増やしても、それを実践に移さなくては身につきませんし、成長にもつながりません。

そして、行き詰まったときほど、隣の芝生は青く見えるもの。何の根拠もないけど、

「別の本のノウハウのほうが自分に合ってる気がする……」

という気持ちがムクムクわいてきます。

でも、**それが一番の落とし穴。**「なりたい自分」になることを邪魔する悪魔のささやきですから、耳を傾けてはダメなのです。

「師匠本」選びの心得④

「師匠本」は浮気NG。選び直す時間があるなら「実践」にあてる、と決める

背伸びせず、気軽に話せる1冊を「パートナー」に選ぶ

本を読むときに、難しい本を好んで選ぶ人がいます。

「こういう本を読めたらカッコいいな」
「今回はこれくらいの難易度に挑戦してみよう」

もちろん、そうした読書のチャレンジを私は否定しません。でもそれが「師匠本」というと話は別です。「師匠本」での背伸びは絶対やめてください。

「師匠本」は毎日をともにする「パートナー」です。

たとえば一緒に暮らすパートナーが毎日、専門用語でよくわからない話をしてきたら、どうでしょう？

仕事で疲れたとき、観たい動画があるとき、そんなときにその人の話を注意深く聞けるでしょうか？　どんなにその人を尊敬していたとしても、落ち着いて話を聞こうと思わないはずです。そういうときは、もっと気軽に話せる相手のほうが安心するし、楽しいのではないでしょうか？

「師匠本」もまったく一緒。毎日、その本の言葉で、明るい気持ちになれたり、今日できなかったことを素直に本に相談する、そんな距離感を築ける等身大の本のほうが圧倒的に「師匠本」向きです。

私がおすすめなのは、**途中でつまずくことがまったくない難易度の本。**ストレスなく読み進められるな、という感覚が持てるものがベストです。

また「ストーリー」仕立てのビジネス書や、「漫画で読む」というタイトルが頭についているベストセラー書も良いでしょう。

というのも、私の最初の「師匠本」は、『もし高校野球の女子マネージャーがドラッカーの「マネジメント」を読んだら』でした。

そのころの私は、「本を最後まで読めない症候群」の真っただ中なのにもかかわらず、意識だけが高くて、どちらかというと難易度の高い本を好んで買い、挫折するということを繰り返していました。

そんなときに、『もしドラ』は、すごく読みやすくて、面白くて、それでいて当時の私の不足感にドンピシャでした。一気に電車で読んでしまったことを覚えています（ダイヤモンド社の回し者ではありません）。

ザーッと読めてしまう。それでいて「なりたい自分」になる方法がしっかり書かれている。そんな本に出会えたら、きっとそれは間違いなく「師匠本」第一候補となります。

「師匠本」選びの心得⑤

「師匠本」の難易度を上げてはダメ。ストレスなく読み進められる本にすると誓う

「完コピ読書術」において「師匠本」選びはほんとうに重要です。本選びを失敗すれば、お金も時間も無駄になってしまうからです。

もう一度、ここで述べた5つの心得をしっかり頭に叩き込んで、次のステップに進んでくださいね。

「師匠本」選び5つの心得

1. 著者へのポジティブな感情（「好き」「憧れる」など）に敏感になる

2. あなたの価値観をアップデートし、「なりたい自分」に導いてくれる「師匠本」が必ずあると信じる

3. 本棚を眺めて「なりたい自分」と「師匠本」をイメージする

4. 「師匠本」は浮気NG。選び直す時間があるなら「実践」にあてる、と決める

5. 「師匠本」の難易度を上げてはダメ。ストレスなく読み進められる本にすると誓う

「師匠本」選び❷

三種の神器は「著書プロフィール」「目次」「はじめに」

皆さん、ついてきてますか？

準備運動も終わったところで、ここからが本番。「師匠本」選びのやり方をお伝えしていきます。

「師匠本」は、まさに師匠のように一定期間ずっと一緒にやっていくパートナーのような存在であるとお伝えしました。だからこそ相性はとても大事です。

では、その相性はどうやって見極めたら良いのでしょう。

それはズバリ、**「著者プロフィール」「目次」「はじめに」**です。

これらは「師匠本」選びの三種の神器。最初にしっかり読み込んで「師匠本」になりうるか総合的に判断すること、これがとても重要です。

読む順番1 「著者プロフィール」

3つのうち最初に読みたいのが、「著者プロフィール」です。

本に書かれたプロフィールは、著者の人生を集約していると思っている人も多いかもしれませんが、それは大きな間違い。

「プロフィール」は、本を手に取った読者だけが受け取れる、その本ならではの「履歴書」だと思ってよいでしょう。

やってきた活動から、本の中身と関わりの深い活動や特性をピックアップして書かれています。

たとえば、私が『もしドラ』の次に選んだのは、『そうか、君は課長になったのか。』でしたが、そこに書かれていたプロフィールには以下のような内容がつづられていました。

秋田市生まれ。1969年、東京大学経済学部卒業後、東レ株式会社に入社。家庭では自閉症の長男と肝臓病とうつ病を患う妻を抱えながら会社の仕事でも大きな成果を出し、2001年、東レの取締役、2003年に東レ経営研究所社長に就任。内閣府の男女共同参画会議議員、大阪大学客員教授などの公職も歴任。「ワーク・ライフ・バランス」のシンボル的存在である。

私はこの「プロフィール」を見たときに、当時の自分との共通項を見出しました。

それは、時間が限られているなかで多くの人数をマネジメントする立場にある、という共通点です。

『そうか、君は課長になったのか。』と私の共通項
＝限られた時間のなかで、多くの部下をマネジメントする立場にある

私は当時、小学2年生の長女、年長の次女、そして1歳の長男の3人を育てながらも、『もしドラ』の完コピで成功を収めた営業部のほかに、別の部署のマネジメントに挑戦することになりました。

そんななかで、佐々木氏の「プロフィール」からは、今の私にピッタリのノウハウを授けてくれそうな予感がしたのです。

このように自分との共通項から「もっとこの人のことを知ってみたい」と思ったのなら、それは「師匠本」になる可能性が高いでしょう。

読む順番2 「目次」

「プロフィール」の次に読み込むのは、その人のバックグラウンドから組み立てられた「目次」です。

ここでは、目を皿のようにして自分に刺さる項目はないか探してみてください。

あなたが求めている方向性のノウハウは並んでいますか？

並んでいたら「師匠本」になりえます。

『そうか、君は課長になったのか。』の目次を見ると、

「プレーイング・マネジャーにはなるな」「『時間厳守』を叩き込む」

など、なんとなく興味深いノウハウのような項目をいくつか見つけることができました。

ただ、私の不足感にドンピシャなのかは、正直よくわかりませんでした。

どちらかというと、どんな境遇の人にも当てはまりそうな王道のノウハウが多く目次に並んでいるように感じたのです。ですから、この時点では『師匠本』になりそうだけど、まだわからない」という状態でした。

読む順番3　「はじめに」

そして、「師匠本」選びで最後に注目してほしい場所が「はじめに」です。

「はじめに」は、本の売れ行きを左右する大事な場所。著者も編集者も「はじめに」には並々ならぬ力を入れるものです。

たとえるなら、映画で言うところの予告CMのような役割。

だからこそ「はじめに」には本の中の一番おいしいところを、これでもかというくらい凝縮します。

そして『そうか、君は課長になったのか。』の「はじめに」には、プロフィールで読んだ家庭の事情が書かれた後に、こんなことが書かれていました。

私が最初に担当した部署は極めて多忙でした。前任課長時代には毎日夜遅くまで残業するような部署だったのです。ですから、**私は部下全員が定時に帰れるように仕事の効率化を推し進める**とともに、「課長の仕事とは何か？」「**課長の仕事をまっとうするために何をすべきなのか？」「何をすべきでないのか？」**など、課長という仕事の「真髄」について考え続け、試行錯誤を繰り返しました。（中略）そして、いくつもの大きなプロジェクトを成功に導くことができたのです。（3ページ）

読んだ瞬間、**「これだ！」**と思いました。

私が「師匠本」に求めていたのは、定時で帰らなければいけない私でもできる時短マネジメントのノウハウだったのです。

そして、**「課長の仕事をまっとうするために何をすべきなのか？」「何をすべきでないのか？」**という部分は、まさに言語化できていなかった私の課題を言い当てているようでした。

だからこそ「この取捨選択のノウハウは絶対に完コピしたい！」。そう強く思って「師匠本」にすることを決められたのです。

もしも、「師匠本」選びをこうした観点で行なわず、「デキる課長になれるかも！」なんて軽いノリで、『誰でも24時間働けるようになる本』（こんな本はありません）を師匠にしたら、完コピはおろか、読むことさえ途中で挫折していたでしょう。

ちょっと難しいかもと感じた方、大丈夫です。「はじめに」は文章量も多いことから、迷ったら以下のポイントを確認してみてください。

- **著者の立場**（制約や困難に注目）
- **著者のキャラクター**（前向きあるいは悲観的、意志が強いタイプか、など）
- **今までの経歴**（プロフィールよりも物語風だったり、情景が浮かぶように細かく書かれていることが多い）
- **類書にはない視点**

・本の一番言いたいところ

そして、「はじめに」を読んだときに「なるほど」が大量発生する。著者のことを尊敬できると感じる。なんだか明るくポジティブな気持ちになる。言語化できていなかった「そうそう、これこれ」と思えるノウハウが並んでいる。

そう思える本は、確実にあなたにとっての「師匠本」なのです。

「なりたい自分」ってなんだろう？

「『師匠本』を選ぶ前にそもそも『なりたい自分』がよくわからないんです……」

そんな相談をいただくこともよくあります。

「師匠本」は「なりたい自分」になるための師匠ですから、それがないとたしかに話は始まりませんよね。

「なりたい自分」を5年後、10年後にどうなっていたいか？ ととらえてしまうと、これは少しむずかしい問題かもしれません。

そこで本書では、この5年後、10年後の自分像については「夢」として、「なりたい自分」とは区別して考えます。

この本で定義する「なりたい自分」とは、夢よりもっと身近なものです。

最終的にいつか描く「夢」にたどり着くための武器であり、その通過点にある「短期目標」や、今、得たいと思っている「スキル」とも言い換えられる類《たぐい》のものです。

その状態を手に入れたら、今の自分よりステップアップできる、現状を打破できるもの、と定義したいと思います。

本書における「夢」の定義……5年後、10年後のありたい姿

本書における「なりたい自分」……「夢」にたどり着くための「短期目標」「スキル」

いかがでしょう。少しは身近な課題をイメージできるようになりませんか？

今よりもちょっと上の「なりたい自分」は、その時々の課題によって、どんどんアップデートされるものですし、到達するための時間軸も短い存在です。「なりたい自分」が描けませんという人は、もしかしたら一足飛びに「夢」を描こうとしているのではないでしょうか。

あなたのキャリアは「山登り型」？「川下り型」？

キャリア論では**「山登り型」と「川下り型」**という分類があります。

「山登り型」とは、「プロ野球選手になりたい」「起業してお金持ちになりたい」というように自分の夢に向かって一直線に突き進んでいくものです。ゴールを設定して、それになるためにはどうしたらよいのか、人生設計をしていくのですが、これはまさに「夢」を設定するキャリア形成です。「夢」への揺るぎない確信がないと、なかなか「山登り型」キャリアは選択できないでしょう。だからじつはこのタイプは、少数派だと思います。

一方、「川下り型」には明確なゴールはありません。その時々に与えられた目の前の仕事に向き合い、経験・実績を積んでいき、キャリアを形成していくスタイルを指します（99ページ図5下段）。

たとえば、新卒で大手の会社に入社し、最初は営業部に配属され、その後、マーケティング部に異動し、現在は人事をやっている。この状態で、5年後、10年後の自らのキャリアのゴールをイメージすることは難しいかもしれません。

そんな方々におすすめしたいのが、**「川下り型」のキャリアを実践しながら、その時々で「なりたい自分」を設定し、その「なりたい自分」に向かうときだけ山を登っている感覚を持つというスタイル**です（101ページ図6）。

そうすることで、目標達成の成功体験がどんどん「武器」のように装着されていくはずです。そして、その「なりたい自分」をつないでいくと、いつしか「夢」のようなものがぼんやり見えてくる。

そんな形でキャリアや夢を考えていくと良いのではないでしょうか。

私自身も大学生のときに描いたキャリア設計図とは大きく異なる人生を歩んできました。「川下り型」のキャリアを歩みながら「夢」を見つけようとしてきたひとりです。

大学生のときには、当然ながら25歳で結婚・出産を経験することも、いったん、専業主婦を選ぶこともまったく予想をしていませんでした。もっとバリキャリの人

［図5］「山登り型」と「川下り型」のキャリア形成

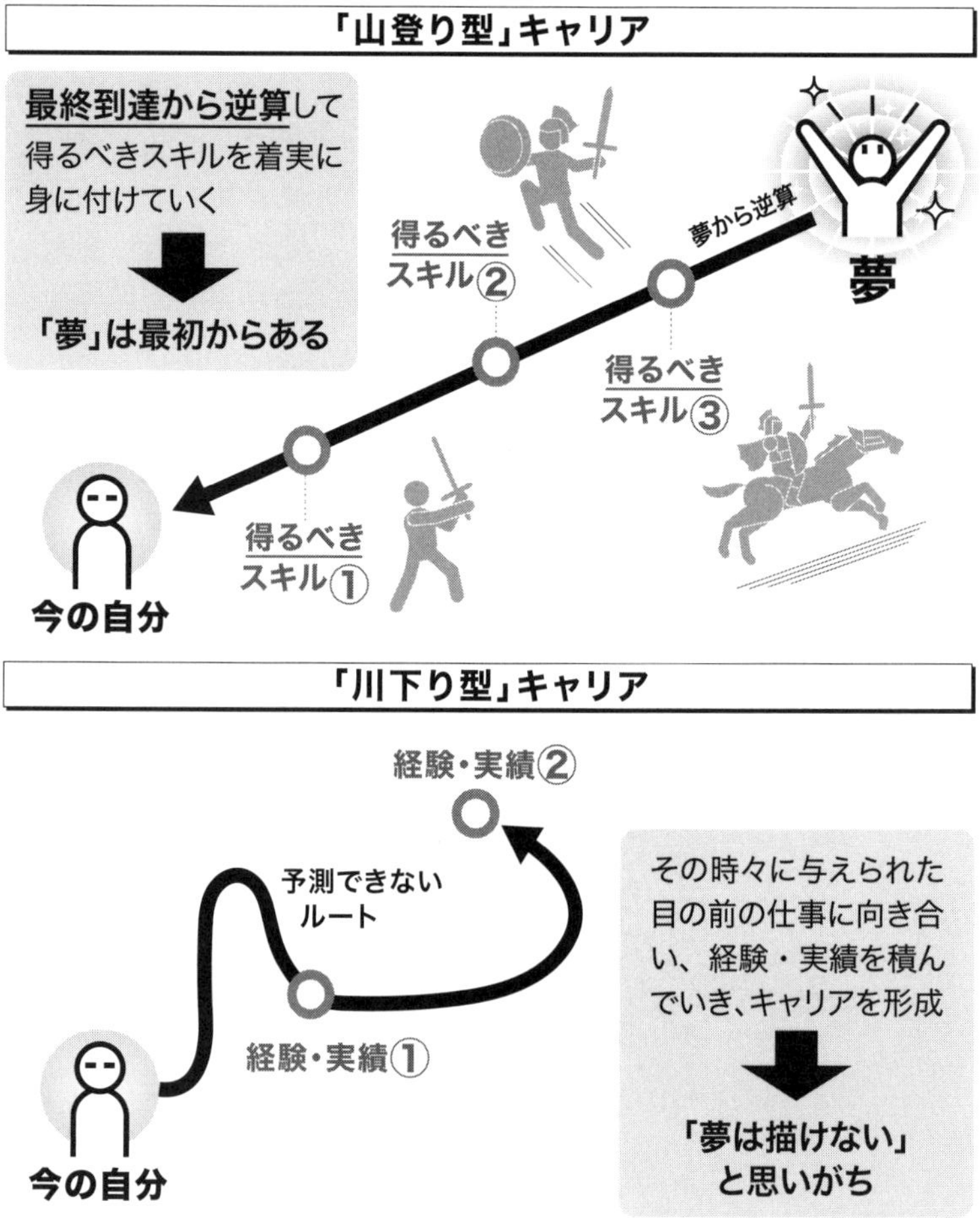
「山登り型」キャリア
最終到達から逆算して
得るべきスキルを着実に
身に付けていく
「夢」は最初からある
夢
夢から逆算
得るべきスキル②
得るべきスキル③
得るべきスキル①
今の自分
「川下り型」キャリア
経験・実績②
予測できない
ルート
経験・実績①
今の自分
その時々に与えられた
目の前の仕事に向き合
い、経験・実績を積ん
でいき、キャリアを形成
「夢は描けない」
と思いがち

生を歩みたいと思っていました。

そして、復職してキャリアを再構築するときには夢を描く余裕などなく、ただただ目の前の課題をこなすことに必死でした。

しかし、その途中で、『もしドラ』を完コピしたり、その後も『そうか、君は課長になったのか。』や、『嫌われる勇気 自己啓発の源流「アドラー」の教え』（岸見一郎、古賀史健著、ダイヤモンド社）などを完コピして「なりたい自分」へ到達する成功体験を重ねることで、夢の輪郭《りんかく》が年々くっきりとし、今に至っています。

だから**今は、まだ「夢」を描かなくても大丈夫**。身の回りにあるちょっとした課題をクリアできる自分、そんなことをイメージして本書で定義するところの「なりたい自分」を考えてみてください。

それでも、まだ「なりたい自分」が描けない人は、次の「師匠本探しのワーク」を試しにやってみましょう。

安心してください。きっと見つかりますよ。

[図6] 「夢」と「なりたい自分」の関係イメージ図（著者のケース）

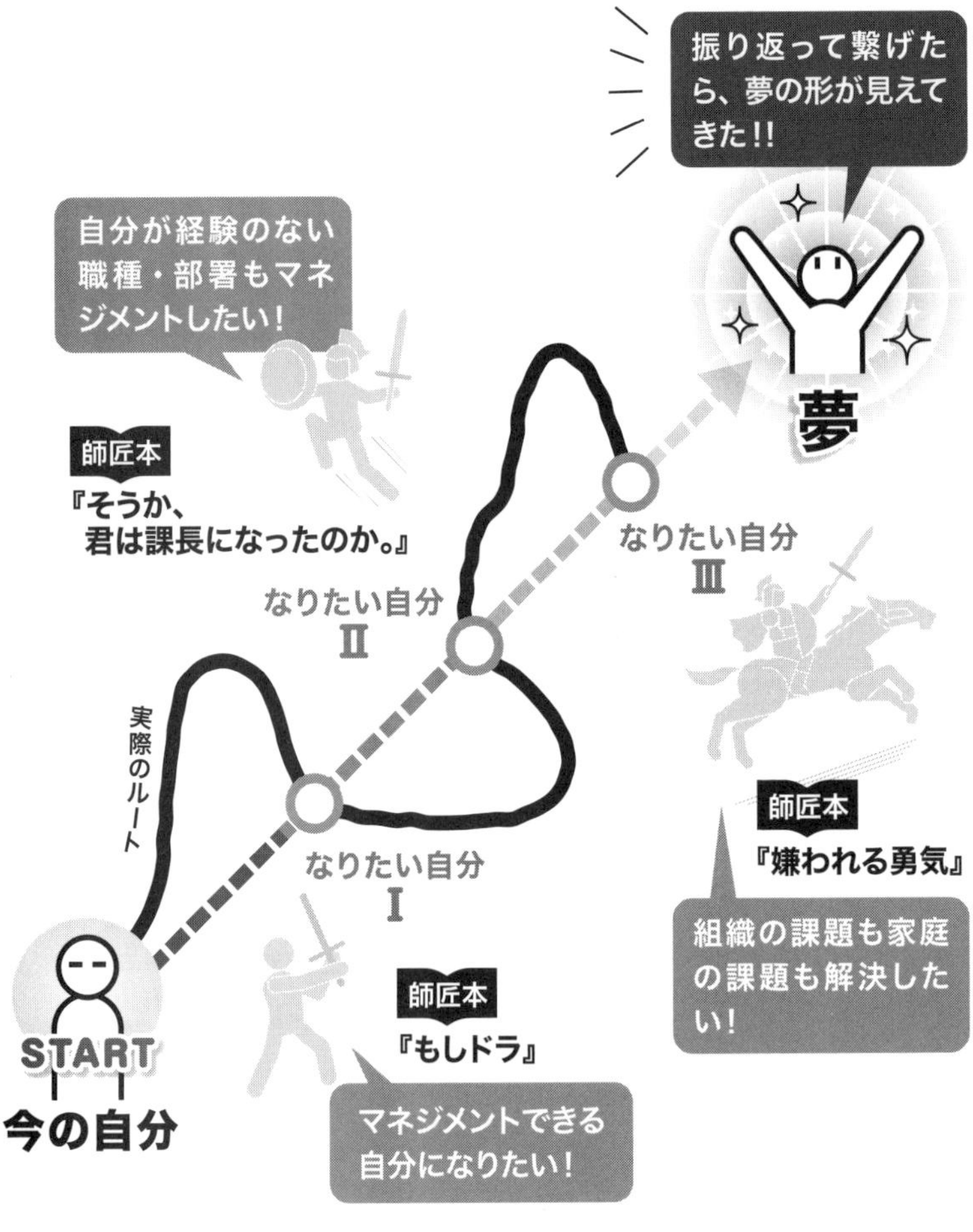
振り返って繋げたら、夢の形が見えてきた!!
夢
自分が経験のない職種・部署もマネジメントしたい！
師匠本
『そうか、君は課長になったのか。』
なりたい自分 Ⅲ
なりたい自分 Ⅱ
実際のルート
なりたい自分 Ⅰ
師匠本
『嫌われる勇気』
組織の課題も家庭の課題も解決したい！
START
今の自分
師匠本
『もしドラ』
マネジメントできる自分になりたい！

「師匠本」選び❸

本棚から「師匠本」を見つけ出す1時間集中ワーク

それではいよいよ、「師匠本」を探す具体的な手順をお話ししていきます。

この「師匠本探しのワーク」は一気に行なわなくてはいけません。

ダラダラ数日間かけても効果が下がるだけなので、ここだけは、1時間しっかり時間が取れる休日などに行なうようにしましょう。

師匠本探しのワーク
（制限時間1時間）

① 本棚から本を取り出し、ジャンルごとの山を作る

本棚には、さまざまなジャンルの本が並んでいると思います。ダイエットに関する本、マーケティングに関する本、偉人伝、経営にまつわる本など。それぞれのジャンルごとに山を作るように本を積んでいきます。

ジャンルをまたぐような本もありますが、だいたいでOKです。

また家には数百冊の本があってやりきれないという人は、興味のあるジャンルをあらかじめ絞って取り組んでも良いですし、ここ1年くらいで購入した本に限定して進めても問題ありません。

② それぞれの積んだ山のてっぺんには、参考になった本を置く

本を積む作業のときには1冊ずつ、手に取るはずです。

そのときに、読んだときのことを思い出して、**そのジャンルで最も参考になった本が一番上になるように積みましょう。**

もちろん、順位を決めかねるときには、「上から2冊目までは最上位」というふ

うに自分で認識できれば大丈夫。ここでは厳密さはいりません。

③積んだ量とてっぺんの本を眺めて共通点を探る

各ジャンルの山を見つめてください。眺めは圧巻でしょう。

それらはすべて、あなたがかつて無意識にでも描いた「なりたい自分」のカケラたち。実際に眺めてみると、自分の思考のクセがよくわかると思います。

「マーケティングの本、すごい買ってるんだな」
「定期的に決算の読み方の本買ってるのに、結局身についてないな」
「マネジメント本はいろんな種類を買ってるんだな」

そして、一番高い山のてっぺんにある本と他の山のてっぺんの本を見比べてみてください。

何か共通点はありませんか？

そこにはあなたの潜在意識からのメッセージが詰まっています。

「全部、経営者が書いた本だな」

「断定的で強いメッセージの本が多いな」

「優しく寄り添ってくれるような雰囲気の本が好きなんだな」

きっと、あなたなりの共通点があるはずです。それは「師匠本」選びでも大いに参考になるポイントなので、しっかり言語化しておきましょう。

ちなみに私の「師匠本」の共通点は、強いメッセージ性のある、断定的な言い切り型のものでした。「これが正しい」「これをやらないと人生損している」そんな著者の確信を感じる本を好む傾向がありました。

これらのポイントも都度メモして、自分の師匠本選びの基準としてストックしておきましょう（これらは111ページの「大型書店に持参したい！『師匠本』選びの○×表」でも活用します）。

④てっぺんの本を「師匠本」にできるか判断する

いよいよ最終工程です。一番高い山のてっぺんにある本を開いてください。

三種の神器「著者プロフィール」「目次」「はじめに」を確認しましょう（86ページ）。

「プロフィール」にあなたとの共通点や、尊敬できるポイントはありましたか？

「目次」や「はじめに」を見て、「なるほど」は大量発生していますか？

これから、寝食を共にする「師匠」にすることを決められますか？

すべてに心から「YES」と答えられなくても大丈夫。7割、8割くらい該当するなと思ったら、「師匠本」として合格。それくらいのゆるい感覚で判断しましょう。

はい、終～了です！

いかがでしょう。「師匠本」は見つかりましたか？

たとえ1時間で出会えなくても焦らないでください。

「師匠本」選びでは「これだ！　ビビッと来た！」という「一目惚れ型」の場合も、もちろんあります。一方で、だんだん付き合っていくうちに本気になっていく恋人のような関係の深め方も大いにありえます。

「一目惚れ型」だけをイメージしていると、いつまでも見つからない架空の師匠を追い求めることになってしまいますので、あまり厳密に考え込まずに「師匠本」を決定しましょう。

それでは、次ページでもう一度「師匠本選び」の流れを確認しておきましょう。

[図7]　「師匠本」を見つけ出す1時間集中ワーク

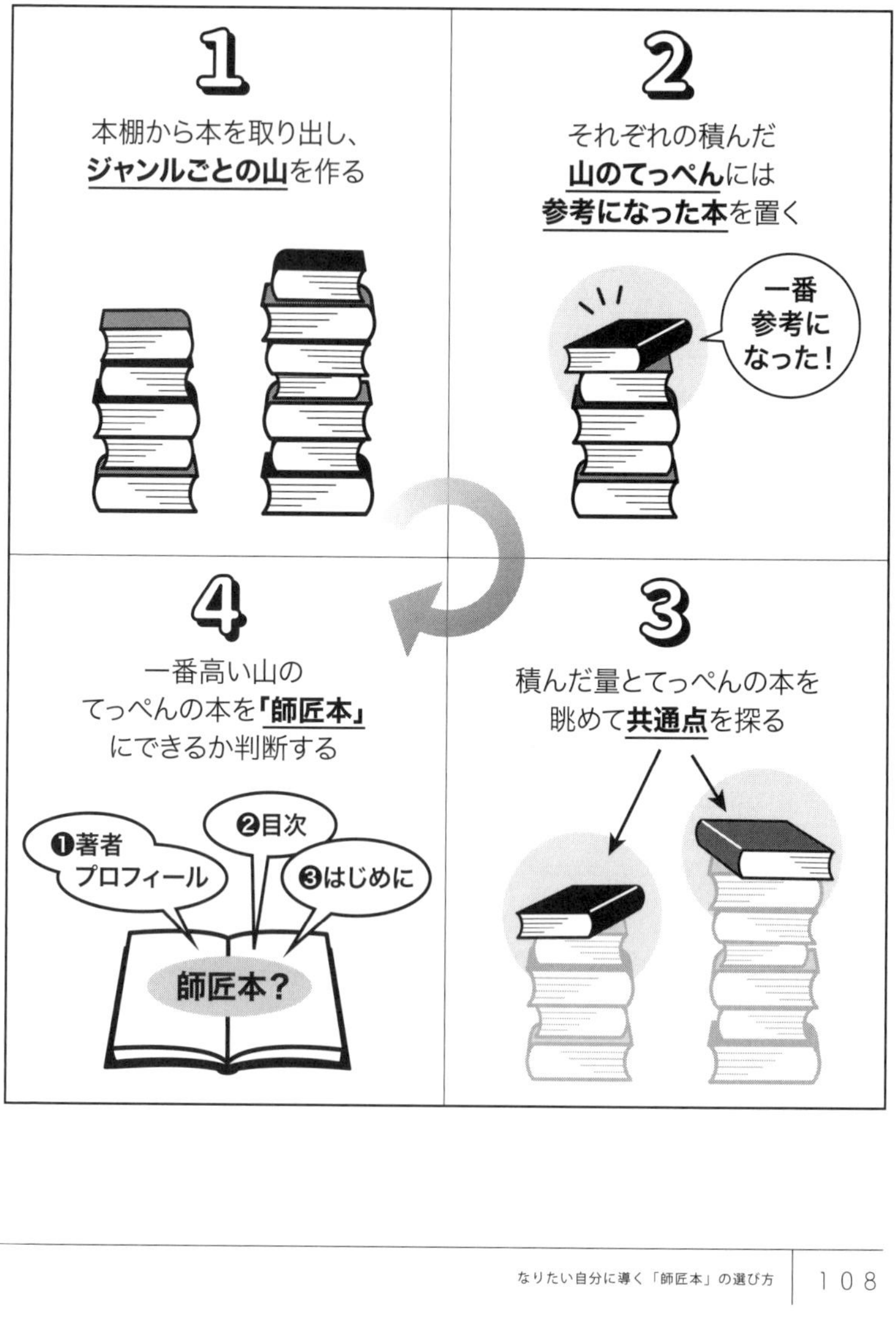
1
本棚から本を取り出し、
ジャンルごとの山を作る
2
それぞれの積んだ
山のてっぺんには
参考になった本を置く
一番
参考に
なった！
3
積んだ量とてっぺんの本を
眺めて共通点を探る
4
一番高い山の
てっぺんの本を「師匠本」
にできるか判断する
❶著者
プロフィール
❷目次
❸はじめに
師匠本？

「師匠本」選び❹

本棚になければ、大型書店に行きなさい

1時間集中ワークを経ても、納得のいく「師匠本」を見つけられなかった人は、大型書店に行きましょう。理由は、2つです。

・なるべくたくさんの本の中から選べる状態が望ましいから
・師匠本選びの三種の神器である「著者プロフィール」「目次」「はじめに」を事前に確認できるから

インターネットでは特に「はじめに」を閲覧できるケースは多くありませ

んから、圧倒的に大型書店で選ぶほうが効率は良くなります。

また、カフェが併設されていたり、ソファやテーブルが設置されていたりする書店はたくさんあります。そういった大型書店を利用すれば、さらにじっくり取り組むことができるのでおすすめです。

その際に、ぜひ持って行っていただきたい**「〇×表」**があります（図8）。

1時間集中ワークで見つけた自分の「師匠本」選びのオリジナル基準と、私がお伝えした「師匠本」選びのコツを表にしたものです。

大型書店に行って「一目惚れ型」で「師匠本」が見つかれば良いのですが、そうならなかったときには、ある程度、条件で選ぶほうが失敗の確率が減るからです。

「師匠本」候補となった本に〇×を付けて「〇」が多いものを「師匠本」と決める。これも有効な方法なのです。

[図8]　大型書店に持参したい！「師匠本」選び○×表

		候補①	候補②	候補③	候補④	候補⑤
タイトル 書店で見つけた「師匠本」候補のタイトルを書き込みましょう！						
三種の神器	著者プロフィール					
	目次					
	はじめに					
オリジナル基準	（　　　）					
	（　　　）					
	（　　　）					

自分なりの基準を
自由に書き込みましょう！
例：断定の強さ／読みやすさ／数値化できる検証方法が載っているか、など

「師匠本」と偶然出会って始める完コピ読書

ここまで「師匠本」選びについていろいろお話ししてきました。

このように「なりたい自分」に到達するために「師匠本」を探し選んで、開始する「完コピ読書」もあります。

一方で、**日常の読書のなかで、完コピしたいと思える「師匠本」に偶然出会って開始する「完コピ読書」もある**ということも覚えておいてください。

たとえるなら「来週、同窓会があるから着ていく服を買いに行こう！」と決意して、素敵な服が見つかることもあれば、フラッと街を歩いていたら運命的に出会って衝動買いする服もある。ちょっと軽いたとえかもしれませんが、そうした偶然から「師匠本」と出会えたりすることもあるのです。

ちなみに、私の「師匠本」との出会いは7冊中、約半分は偶然によるものでした。

覚えておいてほしいのは、**「完コピ読書」ではない、日々の読書でも、しっかりアンテナを立てておくこと。**

「師匠本」選びの基準とやり方を知ったあなたなら、きっと今までよりも本を選ぶセンサーが高感度で働くはずです。

そうすれば完コピの頻度も「なりたい自分」になれる確率も、どんどん高まっていくと思います。

この本のカバーの折り込み部分に「師匠本」を書き込むスペースを用意しました。選出した理由を添えて、あなたの選んだ「師匠本」の書名を書き込んでおきましょう。

読書は恋愛によく似ている。
1冊の本を読む楽しみもあれば、
1冊の本を選び出す楽しみもある。

第3章

「師匠本」を「完コピ」して激変した私の人生

❖ストーリーで学ぶ！　「完コピ読書術」

『もしドラ』で、理想のマネージャーになる！
～「師匠本」との出会い

これであなたも「師匠本」を決めることができましたね？

それではいよいよ「完コピ読書術」の手順をお知らせしたいところなのですが。

その前に！　ぜひこの第3章を読んで第1部の締めくくりとしていただきたいと思います。

というのも、**『完コピ読書術』を実行して、自分の人生がどうより良くなっていくのか、具体的にイメージできていない人も多いはずだからです。**

「ほんとうに『なりたい自分』になれるの？」と不思議がる人もいるでしょう。

そこで私が1冊目の師匠本とした『もしドラ』のエピソードを元に、ぜひ、皆さんにも「完コピ読書術」の効能についてイメージしてほしいと思います。

そう、**つまり自分なりの「完コピ読書術」の成功イメージを「金メダル妄想」してほしい**のです。

ダメダメ営業マネージャーの苦悩

――2009年7月の中旬、夏の日差しが容赦なく注ぎ込む午後2時すぎ。事業部長に呼び出されていた島岡（仮名、以下同）さんは、その空模様とは裏腹に浮かない顔で会議室から出てきた。

恐らく契約更新についての話だろう。それを見ていて、私も同じように憂鬱《ゆううつ》な気持ちになった。

私たちの事業部はウェディングのメディアを立ち上げて1年弱。

「大人の上質ウェディングCRAS（クラース）」と名付けたそのWEBメディアは、関東の老舗《しにせ》ホテルや専門式場などの結婚式場に取材し、ワンランク上のオシャレな結婚式の情報を提供していた。

しかし、当時のウェディング業界では新参メディアが結婚式場と取引をするのは、かなりハードルが高く、売上げでは、苦戦を強《し》いられていた。

そこで、長年ウェディング業界に身を置き、私より一回りほど年上の島岡さんに営業を手伝ってもらっていたのだ。営業部のメンバーだけでは、まだまだ結婚式場の支配人などと接するには経験もないうえ、見た目も若すぎる。島岡さんの知識と存在感は頼りがいがあった。

しかし、営業部の成績はというと、メディア始まって以来、未達成続き。目標の50%という月もザラだった。

そのころ、私は3人目の子どもを出産して1か月半で復帰。直後は事業開発を担当していたが、この8月からは総勢5名の営業部のマネージャーを任されることになっていた。そして年末までこのままの状況が続けば、島岡さんへ引導《いんどう》を渡すのは私の役割だった。コスト削減のためにはやむをえないというのが会社の判断だ。

「いい人なんだけどな。やっぱり新規事業では結果出ないのかな……」

その時点では、これからの怒涛《どとう》の日々を予想することもなく、ぼんやりとそんなことを思っていた。

マネージャー就任後、すぐに気がついたことがある。

「このチームは、ほんとうに何もできていない」

それを象徴するように、新卒3年目の石田凛《りん》ちゃんしか売上げをあげていない。凛ちゃんは、かわいらしい見た目からは想像もつかないほどガッツがあり、数字への執着心があった。その様子は、噛みついたら離れないスッポンになぞらえて「スッポンの凛」と社内でからかわれるほど。営業部の売上げの多くは彼女の粘りによって作られていた。

でもほかのメンバーはまったく機能していなかった。広告のメニュー表すらないなか、営業はそれぞれの完全フリースタイルで行なわれていた。

たとえば、凛ちゃんの同期の綾部《あやべ》武志《たけし》くん（通称タケちゃん）。明るくお調子者でクライアントからの評判は良いと聞いていたが、何も売れていなかった。ただ楽しくおしゃべりをするだけだった。

そして、それは島岡さんも似たような状態。結婚式場の支配人や部長など、決裁者とは会えているけれど、式場に足しげく通っては、

「昨日は、ヤクルト勝ちましたね。祝杯あげますか？　今度飲みに行きましょうよ」

などと、これまた1円にもならない話をしているように思えた。

私は、絶望を感じながら、自分が営業プレイヤーとして、お手本を見せることから始めた。

まず、クライアントとのアポイントに片っ端から同行しまくった。当時、新規営業の効率は極めて悪く、短期で結果を出すためには、既存の関係値のあるクライアントの顧客単価を上げるのが先決だと考えたからだ。

アポイントでは、はじめは各担当に話をさせてみた。しかし次第にイライラが募る。クライアントの年間の広告計画を把握していない。提案するべき商品を紹介せずに雑談に終始する。「来月は検討するよ」という口車にのせられてスゴスゴと帰ろうとする。

そんな状況を見るたびに、決まって私が、

「少々よろしいでしょうか？　先ほどからうかがっていると、御社の課題は……」

などと口をはさみ、すべてプレゼンを横取りしていった。そして、帰り道では、今日の商談の展開を説明しながら、お説教に明け暮れる。

「なぜ皆は私から学ばないの？」

と一人でイラつく。今考えれば、最悪のマネージャーである。しかし、私は自分のダメさに気づくこともなく、一人で頑張っていると勘違いして、メンバーの状況をなげく日々を過ごした。

当然、営業数字は私が動いた以上には上がらず、目標達成率も少し伸びただけ。そんな状態のままで、10月を迎えようとしていた。

「年末まであと3か月。このままでは状況は何も変わらない。もう島岡さんには辞めてもらうしかないのかもしれない……」

決断を迫られていた矢先のことだった。電車の中吊り広告に当時ベストセラーになっていた『もしドラ』が載っていて、ふと目にとまった。

「読みやすそうなマネジメント本だな」

読書は苦手だったが、私は藁《わら》にもすがる思いで、その本を買い、電車の中で不覚にも大号泣しながら、一気に読み上げたのだった。

「甲子園出場級の目標を掲げて頑張りたい」

この本は、野球部のマネージャーをしている女子高校生みなみが、「マネージャー」という言葉を「マネジメント」をする人ととらえ、最も有名で世界で読まれているドラッカー著の『マネジメント』を読むことから始まる。

そして、その教えに従いながら、まさしくマネジメントによって弱小の野球部を甲子園出場まで導く物語が描かれた本だった。

会社から帰る電車の中で読んだ私は、自分でも信じられないくらい号泣した。

決して感動の涙ではない。実話ではないものの、

「女子高生にもできるマネジメントが私には何もできていない。私のマネジメント法はすべて間違っていたんだ」

という事実に絶望しての涙だった。そこから自分のやり方をすべて捨てて、『もしドラ』1冊だけを師匠にすると、決意した。

翌朝一番で、メンバー全員を会議室に招集した。決意をいち早く伝えることで自分を追い込むためだ。

私は始業より30分早くオフィスに到着し、誰もいない会議室で皆を待っていた。扉をあけ、私がすでに部屋で待ち構えていることを確認すると、皆、何ごとかとぎょっとした顔をした。ただならぬ空気を感じ、各々、緊張した面持ちで席に着く。島岡さんの表情は一層、固かった。でも私にも場を和《なご》ませようという余裕はない。

私は『もしドラ』を1冊ずつ、何も言わずに配った。

そして深呼吸し、皆に向かって心からの言葉を投げかけたのだ。

「突然ですが、このチームが目標達成できなかったのは完全に私の責任でした。今まで、ほんとうにごめんなさい！　私はこの『もしドラ』を読んで、そのことが全部わかってしまったの。

私はこれから自分のやり方をぜんぶ変えます！

だって、この『もしドラ』はほんとうにスゴイの。メンバー一人ひとりの強みを見出して、それをかけ合わせて、結果を出すメソッドが全部書かれている。弱小チームが甲子園に出場するんだから。私は感動して、昨日、電車の中で号泣しちゃった。

これから私は主人公の『みなみ』みたいに、ちゃんとマネジメントをするマネージャーになります。みんなの力を活かします！

だからこのチームで、達成を想像するとワクワクするような、甲子園出場級の目標を掲げて頑張りたい。一緒に、その目標を泥臭く追いかけてくれない？」

そう問いかけると、途中から、皆の表情が熱く、変わっていくのを感じた。

「やってみたいです！」

そう口々に言って、全員一致で『もしドラ』の「完コピ」を決めたのだった。

ワクワクする目標は、「今の売上げの3倍、目標の200％達成」に決まった。

チームで取り組んだ『もしドラ』の完コピ
～涙の「滝行」

ここで「完コピ読書術」の実行ステップを少しだけ説明しておきましょう。詳しくは第4章でお伝えしますので、ここでは何となくのイメージだけ、覚えておいていただければ大丈夫です。

「完コピ読書術」の実行ステップ

ステップ① 「なるほどリスト」の作成

本を読んで「なるほど」と思ったところをエクセルに書き出していきます。私はこの作業を「なるほどの収穫作業」と呼んでいます。そこに共通項となるラベル（ノウハウ別に分類するイメージ）を付けて、あとから抽出（ソート）できるようにします。

すると、1冊の本から収穫されたあなたに必要なものだけが載っている、濃厚なノウハウ集「なるほどリスト」が完成します。

ステップ②「奥義」の特定

「なるほどリスト」のラベルのなかで、肝となる「奥義」を特定します。「奥義」は、すべてのノウハウ吸収につながるまさに、「師匠本」の本質にあたるものです。

この「奥義」は「師匠本」によって1つの場合もあれば、3つくらいある場合もあります。複数の「奥義」に一気に取り組むのは難しいので、その場合は順番を付けて取り組みます。

ステップ③「滝行」の実行

「奥義」の内容を徹底的になぞり、自分たちにあてはめて解釈することを「滝行」と呼んでいます。文字通り、滝に打たれながら自分を見つめ、雑念を取り払うようなイメージです。

深く自分の状況と照らし合わせる作業は、瞑想とも似ていますが、もっと刺激は強めです。「奥義」が今までの自分の価値観や習慣と遠いほど「滝行」はつらく、痛みをともないます。

ステップ④「特訓プログラム」の構築と実行

最後に、オリジナルの「特訓プログラム」を作成します。師匠本の「奥義」を自分たちの日常にぴったりフィットさせた形でタスクに落とすためには、カスタマイズが必要だからです。難しそうに思えるかもしれませんが、手前の「滝行」までうまくいけば、この「特訓プログラム」は簡単にできます。

＊

果たして、初めてのチームでの「完コピ読書術」。過去の私は、どう進めていったのでしょうか？

――それからほどなくして、最初のワークを行なう5時間ミーティングを敢行した。

『もしドラ』の最も基礎的な「奥義」である、「お互いの長所を見つけ、認め」「役割を与える」ところまでの話し合いを、とことん行なうためだ。この「奥義」の特定は『もしドラ』で主人公のみなみがそうだったように、私が単独で行なった。

ただ、いきなりディスカッションするのは難易度が高い。そこで私たちは『もしドラ』に書かれている通り「マーケティング」から始めることにした。

これまでマーケティングは、販売に関係する全機能の遂行を意味するにすぎなかった。それではまだ販売である。われわれの製品からスタートしている。われわれの市場を探している。これに対し真のマーケティングは顧客からスタートする。すなわち現実、欲求、価値からスタートする。「われわれは何を売りたいか」ではなく、「顧客は何を買いたいか」を問う。「われわれの製品やサービスにできることはこれである」ではなく、「顧客が価値ありとし、必要とし、求めている満足がこれである」。（59ページ）

ここで言う「顧客」の定義は通常の「顧客」とは異なり、もっと幅広い部分を指す。『もしドラ』では野球部の部員であり、学校に通う生徒や教師であり、さらには地域の人も、高校野球を愛するファンも含まれる。

それに当てはめると、私たちの「顧客」は営業部のメンバーであり、事業部の仲間であり、結婚式場関係者であり、ひいては結婚式をしたいと思うカップルである。

そして、『もしドラ』では一番身近な「顧客」である「野球部員のマーケティング＝なぜ野球部に入ったのか」の調査からスタートしていた。

そこで私たちも同じように、自分たちが「なぜ、今この仕事についているか」そのモチベーションについて、一人ひとり自己開示するところから始めることにした。

そのときに活用したのが、『もしドラ』で参考になったところを書き出した「なるほどリスト」である。

「マーケティング」に該当する部分を抽出した一覧をメンバー全員で眺めていると、野球部員たちがどんな想いを持っていたのか、どんな告白をしたのかがパッと鮮明にイメージできた。だから私たちも、すんなり想いを言葉にすることができたのだ。

［図9］ 野球部員のマーケティングに関する「なるほどリスト」

なるほど	ページ数	マーケティング	強み発見
夕紀の話を聞いたことがそうだった。彼女に「どうしてマネージャーになったの？」と問い、「感動をしたいから」という答えを得たことが、すなわちマーケティングだった。	59	1	1
部員という顧客が「価値ありとし、必要とし、求めている満足がこれである」というのを調査することから、マネジメントを始めようとしたのだ。	60	1	1
みなみは、ひょんなことから、彼の「将来は起業家を目指す」という欲求や、「心身を鍛えたり、人脈を作ったりするために野球部に入った」という価値を知ることができた。これこそがマーケティングに他ならなかった。これこそが成果だった。それは小さな一歩ではあったが、しかし確かな前進であることには間違いなかった。	61	1	1
話すだけとはいえ、入院中の夕紀にとって、その負担はけっして小さなものではない。なにしろ、二十人を超える部員たちと、一人ひとり話すのだ。それも、ただ単に世間話をするというのではない。彼らから、その現実、欲求、価値を引き出さなければならないのである。それは、けっして生易しい作業ではなかった。	69	1	1

メンバー全員で
このリストを熟読
↓
仕事のモチベーション
を発表

島岡さん

「私はやっぱり、ナンバーワン媒体を目指すことです。今、結婚式場は集客の手段が限られていることに、困っているんです。今まで雑誌やエージェントなどいろんな集客支援の会社を渡り歩いてきたけど、ナンバーワンには叶わなかった。それを達成することは私の悲願です！」

凛ちゃん

「私は会社の中で、このウェディング事業をもっと認めさせたいです。すごく素敵なWEBメディアだと思うんです。それを証明するのが営業の数字じゃないですか！」

タケちゃん

「僕は、仲良くしているクライアントを喜ばせたいです。いつも集客が課題だって言われているけど、僕は何もできていない。それが悔しいんです」

それぞれが熱っぽく語る姿に、皆聞き入っていた。そして全員が真剣にこの仕事に向き合い、良くしていきたいと考えていることに、私自身も胸が熱くなった。

「やはり、その想いを〝私が〟活かせていなかったんだ」という自責の念も浮かんだが、それ以上に、「絶対、このチームで目標達成させなくてはいけない！」という使命感と執着心が私の中で生まれた。

次にそれぞれの長所と、その活かし方について全員でアイディアを出していった。

「島岡さんは特に50代以上の決裁者が何を喜ぶか熟知してる。嫌がることも、苦労してきたポイントも知ってる。それは大きな武器ですよ！」

「タケちゃんは、懐《ふところ》への入り込み方がスゴイ。あんなに可愛がられてる営業は見たことがない」

「凛ちゃんは、数字に対する執着力が半端ない。あれだけしつこく連絡できるのもスゴイし、嫌味にならないのはほんとうに尊敬する！」

などなど。たくさんの賛辞が飛び交い、それを聞いて涙するメンバーもいた。特に島岡さんは、

「今まで、何も貢献できていなかったことが苦しかったんです。でも、こんなふうに言ってもらえるなんて……。頼りたいって言ってもらえるなんて……」

と、ひときわたくさんの涙を流していた。

これは私にとっても初めての「滝行」だった。しかもチームで行なう「滝行」。それは温かさとポジティブな想いが残る最高の体験だった。

強みのかけ合わせで生まれた「サッカー受注作戦」

「滝行」がとても順調だったことで、次の「特訓プログラム」作りはまったく難し

くなかった。結果、私たちが行きついたのは「サッカー受注作戦」と名付けた営業スタイル。『もしドラ』は野球部の話だったが、私たちはサッカーのような連係プレーで受注を勝ち取ろうと考えたのだ。

この「サッカー受注戦略」は、まず島岡さんのディフェンダー（DF）から始まる。とにかく案件化しそうなところに通い、

「今度、ウチのマネージャーのあつみの話を聞いてください」

「次回は、御社の必ず役に立てる提案を持ってきます」

などと言って、機会を作る。まずは味方側のボールにして攻撃チャンスを作るのだ。それに対して、凛ちゃん、タケちゃんはフォワード（FW）で、点（受注）を決める役割とした。私は、攻撃型ミッドフィールダー（MF）。司令塔として状況をしっかり把握し、最適な指示を出すことに気を配った。

DFが作った機会に、私が直接行くこともあったし、FWである凛ちゃんやタケ

［図10］ 営業部メンバーそれぞれの「強み」「弱み」

	長所	活きる活動	リカバリーした方が良いところ
島岡さん	50代以上の決裁者との距離を縮める	・まずは決裁者アポの突破口を開く ・大きな予算の話を切り出す	・詳細な提案内容のトーク ・WEB周りの話
凛ちゃん	着実に売上げを作る	・具体的な提案で納得させる ・メール、電話などの追いかけ ・数字管理	・大型提案のロジック作り ・女性好きのクライアント対応
タケちゃん	お客さんに深く入り込んで仲良くなる	・仲の良いクライアントへの大型提案 ・相性の合うクライアントとの関係構築	馬が合わないクライアントは即担当替え
私	商品開発などゼロイチ思考 ヒアリングから提案への速度	・決裁者アポでの具体的提案 ・大型提案の企画作り ・司令塔	・子育てとの両立で時間が限られている ・50代以上の決裁者が相手だと迫力に欠ける

「強み」掛合わせの「サッカー受注作戦」

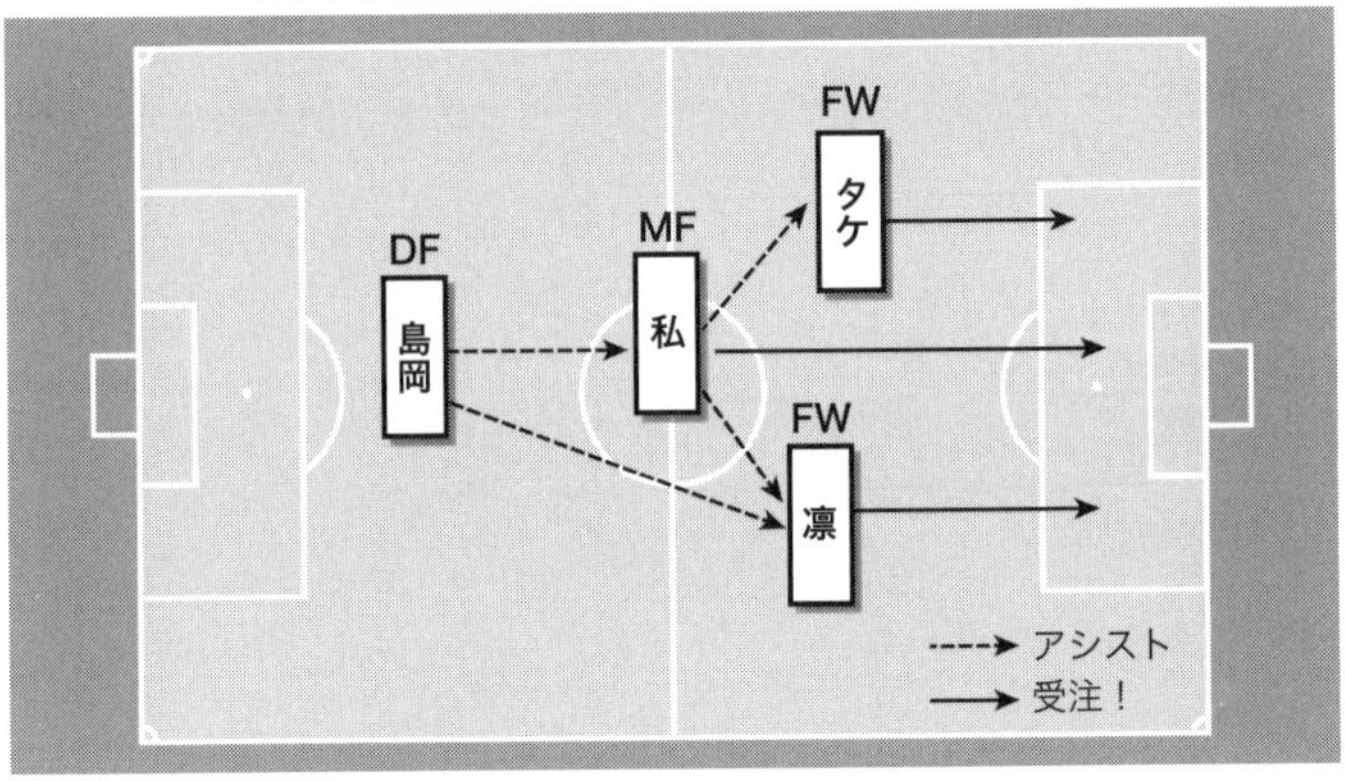

ちゃんに担当を割り振るケースもあった。

また「すっぽんの凛」が突然、その本領を発揮できなくなるタイプのクライアントがいることもわかった。それは、いわゆる女性好きの担当者のとき。その種のクライアントには島岡さんが必ず同行し、しっかり仕事の話ができる下地を作り、凛ちゃんが思いっきり力を発揮できる状況を作った。

そしてタケちゃんはとにかく相性が大事だから、向いているクライアントを担当させる。合わなければ、即、チェンジする。そんなことを繰り返すことでチームはどんどん強くなっていった。

マネジメントは、生産的な仕事を通じて、働く人たちに成果をあげさせなければならない。(89ページ)

私たちはこの連係プレーで、明確に「自分たちの活躍どころ=役割」を意識できるようになっていった。

「ここは僕の出番ですね!」

ただ楽しくおしゃべりをするだけが特技と思われていたタケちゃんも、すっかり頼りがいのある立派な営業に成長していた。

かつては自分の背中を見せることで、一人の完璧な営業が育つことを願っていた私も、チームプレーで動くことによって意識がどんどん変化した。それぞれは不完全で良い。個人の弱点を各々の強みで補うことで、チームの戦闘力はむしろ増していく。この「サッカー受注作戦」に私自身も、夢中になっていた。

そんな怒涛《どとう》の3か月を過ごした年末、営業部始まって以来、悲願の目標達成をすることができた。私はこの変化をすぐさま会社にも報告。当然のように、島岡さんの契約更新も決まった。

さらにこの成功体験に自信をつけた私たちは、その後も『もしドラ』に書かれている「奥義」に次々に取りかかり、個々を「成長」させ、「イノベーション」をおこしていった。まさに『もしドラ』を1冊まるごと完コピしていったのである。

そして、完コピを始めてちょうど半年となる3月末。ついにワクワクする目標として掲げた「売上げ3倍、目標200%達成」まで成し遂げたのだ。

コラム　私の人生を変えた運命の「師匠本」たち

マネジメントは、20代後半から30代に多くの人がぶち当たる難問です。今までプレイヤーだった人が、突然、まったく別のスキルを要求されることになるからです。

私のように、何となくやって失敗する人が続出しています。

だからこそ、マネジメント本を買ったら、**一緒にこの「完コピ読書術」も実行してほしい**のです。

「ちょうど、昇進することが決まった」

「今まで、何冊もマネジメント本を買ったけど、現状が改善できていない」

そんな人にこそ、必ず効果を発揮します。1冊をとことんやり込むことで「多読」では得られない大きな成長を実感できるでしょう。

そして第一部の締めくくりとして、私が今までの人生で「師匠本」とした『もしドラ』『そうか、君は課長になったか。』以外の本を紹介しておきます。人生でたった7冊ですが、今の私の血肉となった大切な「師匠本」たちです。

ケース1

【なりたい自分】

就職活動で圧倒的な結果を残したい

↓

【師匠本】

『絶対内定』（杉村太郎ほか著、ダイヤモンド社）

じつはエピソードゼロとも言うべき「師匠本」で、大学時代に出会っていましたが、当時、「完コピ読書術」を会得していなかった私は自力で完コピできずじまいでした。

でも、この本で書かれている「自分の生まれてきた使命を考え、行動し続ける」「世の中に与えるインパクトを大きくする」という思想は私の中で生き続け、今の「大人の学びプロデューサー」という活動につながっています。またこの本は、本書で定義した「夢」を描くのにも最適な「師匠本」です。「なりたい自分」をつなぎ合わせた延長線上の「夢」を明確にしたい人は（101ページ図6参照）、就職活動を目的としない社会人であっても十分、「師匠本」となる1冊です。

ケース2

【なりたい自分】

マネジメント人材を育成できるスキルを身につけたい

↓

【師匠本】

『リーダーはじめてものがたり』（播摩早苗著、幻冬舎）

「完コピ読書術」を初めて人に教えるために教科書として使った「師匠本」でした。

課長昇進が決まった複数のメンバーから「マネジメントなんて、できません」「できる気がしないので、じつは課長になりたくないんです」と相談されたことがきっかけです。

この本では、リーダーになった人がつまずきがちなエピソードをストーリーで読めて、具体的な解決方法も記されているので、完コピ初心者でもすんなり取り組めました。

ケース3

【なりたい自分】

家庭と仕事に忙殺されている状況を何とかしたい

↓

【師匠本】

『嫌われる勇気』（岸見一郎ほか著、ダイヤモンド社）

ベストセラーですので、多くの人が目にしたり、すでに読んだことがある人もいると思いますが、私にとっては劇薬注意とも言うべき刺激的な「師匠本」でした。

この本は世界的に有名な「アドラー心理学」をベースに書かれています。

たとえば、トラウマを全面否定し、赤面症や頭痛などの身体的な不調でさえ、自らが作り出していると解説されていますが、それはまるで本人の逃れられない責任を追及されているようで、思わず「痛い！」と叫んで、本を閉じ、目を背《そむ》けたくなるほどの攻撃性がありました。

でもその分、効果は絶大。家庭と仕事の両立の中で、もがいていた当時の私の難問を一気に解決してくれた素晴らしい「師匠本」でした。

ケース４

【なりたい自分】

起業することに迷わず恐れない自分

↓

【師匠本】

『道をひらく』（松下幸之助著、ＰＨＰ研究所）

起業したいという想いを抱えた２０１５年。それと同時に「自分にできるだろうか」「失敗したらどうしよう」そんな恐れとのはざまで私は迷いました。

そんなときに『道をひらく』を読み、稀代《きたい》の名経営者の頭の中とメンタルを垣間見るような、そんな感覚に満たされたのです。

まるで本物の師匠のように、言葉数は多くないけれど、含蓄《がんちく》のある短い文章。それらを読むだけで、「一緒に考えよう。だから踏み出しなさい」と言われているような感覚を得た本でした。勇気づけられる「滝行」をたくさん行なった「師匠本」でもあります。

ケース5

【なりたい自分】

経営するコンサルティング事業の手法を強化し、成果を出せる自分

↑

【師匠本】

『ザ・モデル』（福田康隆著、翔泳社）

発行されて間もなかった2019年当時は、特にIT企業のあいだで話題になり、最初は仕事の資料として読んだのがきっかけです。つまり「完コピ読書」の対象ではないとしていました。

しかし、この本に書かれた営業スタイルのあまりの合理性とロジックに私自身が感銘を受け、完コピすることを決めた本です。また、それがきっかけで、この本をベースにしたコンサルティングや教科書作りの依頼を受け、事業の柱のひとつになりました。

苦難をともにした
「師匠本」たちは、
いつだってあなたを
助けてくれる存在になる。

第二部に入る前に、ここで「完コピ読書術」を体験した先輩たちの声を聞いてみましょう。

・これまでお気に入りの本や何となく実践してみたい本はあったけど、完コピするまでマスターするという発想はなかったので、徹底的に身に付けたいと感じた本は「師匠本」にしようと思いました。

（40代・男性・コンサル業）

・本の内容を思い出すためにもう1回読むのは大変なので読もうとは思わないが、スプレッドシートにまとまっていれば、その要点だけを見直すことは気軽にできると思う。必要に応じてラベリングの部分だけ読むのであれば、さらに気軽に読み返せて便利ですね。

（20代・男性・宿泊業）

・「師匠本」を「奥義」や「滝行」で、自分に当てはめて考えることで「あ、今の私に欠けていた視点は、これだったんだ」と癒《いや》されるような感覚がありました。もはや、本というイメージではなく、著者が私のために、ご自身の経験を隣で教えてくださっているような感覚です。

（50代・女性・会社経営）

・「滝行」を通して、やれていることとやれていないことが明確になりました。今までもマインドマップを使って整理することは自分なりにやってきたつもりでしたが、じつは網羅性は低かったことに気づきました。自分の課題がこんなにクリアになった読書体験は初めてです！

（40代・男性・中学校教師）

「え、スプレッドシート？　奥義？　いったい、何のこと？？」

戸惑われた方もご安心ください。

第二部を読み終えたあと、あなたも体験者と同じ感動を味わえるはずです。

第二部　「運命の1冊」を読み切る

「完コピ読書術」を活用したエピソードはいかがだったでしょうか。

たった1冊の本で人は変わることができる、そんなイメージを共有したところで、第二部は「実践」に入ります。なりたい自分になる「完コピ読書術」を実行していきましょう。

まったく初めての読書体験が始まりますよ。


これから、「師匠本」をあなたのなかにインストールしていく術《すべ》をお伝えしていきます。

「こんなにやることあるの？」と戸惑われるかもしれませんが、一つひとつじっくり読み進めながら取り組んでいけば大丈夫です。

第4章

「師匠本」を100%
あなたの中に落とし込む技術

❖「完コピ読書術」の全貌公開！

「師匠の脳」を移植する4つのステップ

「完コピ読書術」は「師匠本」の教えをとことん身に落として、血肉にしていく読書法です。試してみると、今までの読書がいかにさらっと終わっていたかがわかると思います。

たとえるなら**「写経《しゃきょう》」**。

昔の日本では、中国の文献などは貴重で、貴族や有名武将たちもそれを学ぶために書き写し、それを何度も読むという形で学習していきました。そして現代でも写

[図 11]　写経と完コピ比較イメージ

写経

「教え」をまるごと
書き写すことで身に落とす

完コピ読書

「師匠本」のノウハウで
なるほど！と思った箇所を
写す「なるほどリスト」作成が
完コピ読書の第一歩

経は文化として残っています。先人のノウハウを身に落とすために、長い間、実践されてきた方法なのです。

また昨今ではプログラミング教育でも「写経」が用いられているとのこと。筆で書くのではなく、見本となるコードをパソコン上にタイピングするものですが、これも非常に効果の高い学習法として採用されています。

「完コピ読書術」も、まさにそんな感覚。「師匠本」のノウハウをとことん写していく「なるほどリスト」の作成がすべての基本になっていて、そこからスタートするのです。

義務教育初の民間校長を務めた藤原和博さんが読書をする意義について書いた『本を読む人だけが手にするもの』（筑摩書房）でも、本を読むことは、

それを書いた人がその場にいなくても、その人の脳のかけらとつながる

こと、とあります。「完コピ読書術」のすべての工程では、さらに踏み込んで、**「師匠の脳を自分に移植」していくような感覚**で進めていただきたいのです。

そんな「完コピ読書術」の実践は、第3章でも少し触れましたが、次の4ステップで構成されています。

『完コピ読書術』の実行ステップ

ステップ①「なるほどリスト」の作成〈Plan〉 159ページ〜参照

本を読む→「なるほど」と思ったところを収穫する→エクセルに書き出す→ラベルを付けて分類する、これで「完コピ読書術」を進めるための材料をそろえます。

ステップ②「奥義」の特定〈Plan〉 185ページ〜参照

「なるほどリスト」のラベルのなかで、それを「完コピ」することが、すべてのノウハウ吸収につながるような、肝となる「奥義」を特定します。

ステップ③「滝行」の実行〈Do〉207ページ〜参照

「奥義」の内容を徹底的になぞり、自分たちにあてはめて解釈することを本書では「滝行」と呼びます。深く自分の状況と照らし合わせる作業は、瞑想とも似ていますが、もっと刺激は強めです。

ステップ④「特訓プログラム」の構築と実行〈Do〉218ページ〜参照

最後にオリジナルの「特訓プログラム」を作成します。「師匠本」の「奥義」を自分たちの日常にぴったりフィットさせた形でタスクに落とすためには、カスタマイズが必要だからです。

読書に入る前にやっておく「儀式」

それではいよいよ始めていきたいのですが、その前にひとつだけ、やっておきたいことがあります。それは第1章でも紹介した「金メダル妄想」です。

・あなたの「師匠本」を完コピできた暁《あかつき》には、どんな素敵なことが待っていますか？
・あなたはどんなふうに変わっているのでしょう？
・周りの反応はどうですか？　どんな称賛の言葉をかけられますか？
・あなたの立場、仕事、生活はどんなふうに良くなっているでしょう？

目を閉じて、最高の状況をじっくりと妄想してください。映像でしっかり浮かんでいますか？　ワクワクした気持ちになってきたでしょうか？

早く、「師匠本」を完コピしてそんな自分になりたい！　お腹の底からわき上がるような、やる気が出てきましたか？

今後、完コピ読書をしていく過程では、この「金メダル妄想」は何度も思い出していただきます。

そして、もっともっと鮮明な妄想に都度《つど》アップデートしていってもらいます。

ですから、今行なった「金メダル妄想」をぜひ覚えておいてください。どこかに書き示しておいても良いかもしれませんね（この本のカバーの折り込み部分にあなたの妄想を書き込めるスペースをご用意しました。ぜひご活用ください）。

さあ、では早速、「完コピ読書」を始めていきましょう！

オリンピック選手のように考えただけで
ワクワクするような成功状態を大胆に
妄想するのがポイント！

実行ステップ1

「なるほど」の収穫作業 ～エクセルにどんどん書き出そう

振り返らない読書、忘れてもOK

「完コピ読書術」における読書では基本、何でも良いので好きなように読み進めていってもらって良いです。ただ、せっかくなので「読む」をいつもより楽に進めていただく、とっておきの方法をご紹介したいと思います。

その際に意識してほしいのが、**後ろを振り返らないで良いんだ**、ということ。前の文脈がどうだったとか、そういうことを気にせず、じゃんじゃん前へ読み進めていってほしいのです。

多くの人の読書にありがちなのが、振り返りながら読んでしまうこと。

「この話、以前にも出て参考になったと思ったな。どこに書いてあったっけ？」

読みながら、前のページとつなげて深く解釈しようとしていませんか？

しかし、これは「完コピ読書術」における読書では必要ありません。後でしっかり振り返る時間があるので、読みながらやらなくて大丈夫なのです。

また電車の中など、ちょっとした空き時間の5分で、続きを読もうと思ったときにも、2、3ページくらい前に戻って復習して読む。これも多くの人が行なうと思いますが、それも必要ありません。

今、目の前のページに書かれている「なるほど」と向き合うだけで十分です。

「覚えておかないと」「しっかり咀嚼《そしゃく》して読まなきゃ」という義務感から自分を解放してあげましょう。最初はちょっと気持ち悪いかもしれませんが、慣れれば大丈夫！　どんどん忘れながら読み進めていって良いのです。

「線を引く」「付箋を貼る」はやりません！

「ほんとうに忘れても大丈夫なの？」

と不安に思った、そこのあなた。はい、大丈夫です。遠慮なく忘れてください。

その代わり、やってもらいたいタスクがあります。

それが**「なるほど」の収穫作業**です。

パソコンを開ける状態で読書しているなら、本と一緒にパソコンを置いて、163ページの図12のように「なるほど」と思った文章を読みながら、どんどんエクセル（スプレッドシートでもOK）に入力してほしいのです。

その際には、必ず書かれたページ数も一緒に入力しましょう。あとから、詳しく振り返ることができるようにするためです。

また電車の中や、外出時に本を読んでいる場合は、スマホで「なるほど」と思うところを打ち込んでメッセージを送ります。電子書籍を利用して読んでいるなら該当箇所をそのままコピーして送信できるので、さらに時短になります。

そして夜の10分くらいで、自分あてに送られてきたメッセージをエクセルにコピーすれば、「なるほど」の収穫作業は完了となります。

※巻末のQRコードから、このフォーマットをダウンロードできます。

「付箋を貼ったり、線を引く形でもいいんですよね？」


そうした質問はよくいただきますが、答えはNO。**エクセルにしてください。**

ここまで強く言うのには、はっきりとした理由があります。

実践をイメージしてください。たとえば仕事で行き詰まったとき、付箋や線を引いた、ドンピシャのノウハウをパッと開くのって、けっこう難しくないですか？

[図 12] 「なるほどリスト」の見本 「なるほど」収穫

なるほど	ページ
「私は、この野球部を甲子園に連れていきたいんです」すると、それに対してさまざまな答えが返ってきた。真剣に聞いてくれた者もいれば、軽く受け流した者もいた。中には、ほとんど要領を得ない答えもあった。	9
人を管理する能力、議長役や面接の能力を学ぶことはできる。管理体制、昇進制度、報奨制度を通じて人材開発に有効な方策を講ずることもできる。だがそれだけでは十分ではない。根本的な資質が必要である。真摯さである。	17
最近は、愛想よくすること、人を助けること、人づきあいをよくすることが、マネジャーの資質として重視されている。そのようなことで十分なはずがない。	18
マネジャーの仕事は、体系的な分析の対象となる。マネジャーにできなければならないことは、そのほとんどが教わらなくとも学ぶことができる。しかし、学ぶことのできない資質、後天的に獲得できない資質、始めから身につけていなければならない資質が、一つだけある。才能ではない。真摯さである。	18
自らの事業は何かを知ることほど、簡単でわかりきったことはないと思われるかもしれない。鉄鋼会社は鉄を作り、鉄道会社は貨物と乗客を運び、保険会社は火災の危険を引き受け、銀行は金を貸す。しかし実際には、「われわれの事業は何か」との問いは、ほとんどの場合、答えることが難しい問題である。わかりきった答えが正しいことはほとんどない。	25

本の中であなたが「なるほど」と感じるところをどんどん収穫するイメージでエクセルに追加していきましょう！

(『もし高校野球の女子マネージャーがドラッカーの「マネジメント」を読んだら』の「なるほどリスト」から一部抜粋)

「たしか、このあたりだったはず……」

と該当箇所を探すだけでもひと苦労。たくさんの付箋に埋もれて「どこに何が書かれているか忘れてしまった」「情報検索で疲れてしまった」という経験は多いのではないでしょうか。結果、いちばん大切な「実践」も面倒になってしまいます。

というのも、多くのビジネス書には読みやすくするための設計として、ノウハウをあえて小出しにして本の随所にちりばめる構成が採用されています。ノウハウだけを箇条書きにしたような文章では、読んでいて面白みがないからです。

ただ実践するときは逆で、**整理された箇条書きのほうが断然やりやすい。**

たとえば「会議での話し方」のノウハウを知りたいときに、5ページ、67ページ、112ページ、205ページにちょっとずつ書かれている。それらを手の指で挟んで、各ページを見比べる。

この動作は面倒くさいし、大変。マジメにやろうとすると、指がつりそうになっ

[図 13]　なぜ、本の内容を箇条書きにしたほうが良いのか？

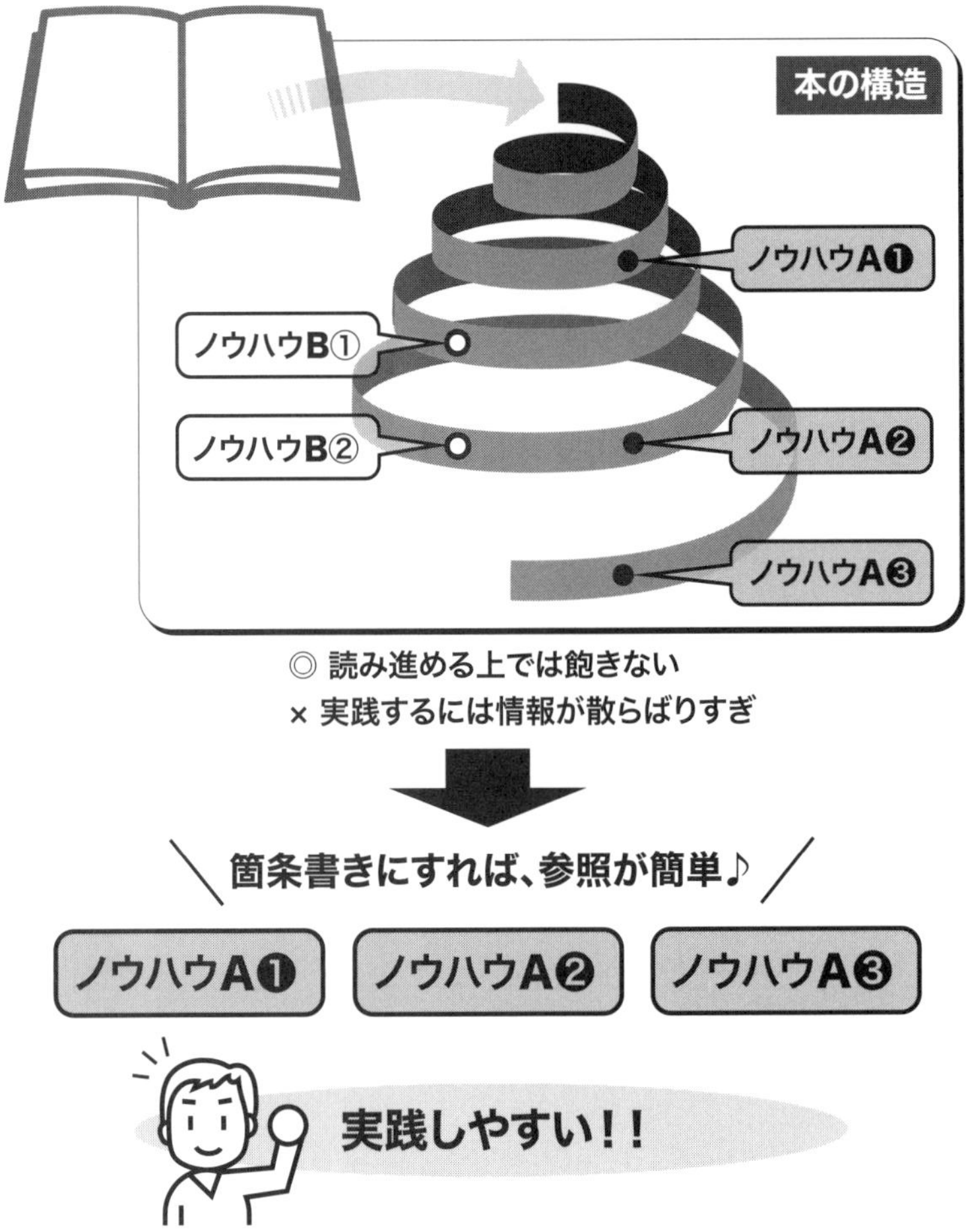
本の構造
ノウハウA❶
ノウハウB①
ノウハウB②
ノウハウA❷
ノウハウA❸
◎ 読み進める上では飽きない
× 実践するには情報が散らばりすぎ
箇条書きにすれば、参照が簡単♪
ノウハウA❶
ノウハウA❷
ノウハウA❸
実践しやすい！！

てしまいます。

慶應大学医学部卒でアメリカの医師国家試験に上位1％以内という高得点で合格した安川康介氏によって書かれた『科学的根拠に基づく最高の勉強法』（KADOKAWA）には、まさに勉強のプロによる勉強法が解説されています。

そのなかでも、真っ先に科学的に効果が高くない勉強法として「ハイライトや下線を引く」が挙げられています。膨大な過去の研究を調べたダンロスキーらの報告書を引用し、

「今ある科学的根拠に基づき、ハイライトや線を引くことは有用性が低いと評価する。これまで検証されたほとんどの状況や学習者において、ハイライトは成績向上にほとんど効果がない。（中略）より高度な課題では、かえってパフォーマンスを低下させる可能性がある」（40ページ）

としています。

私は、指がつりそうになった自身の経験から完コピ読書では不採用としてきまし

たが、科学的根拠から見ても「付箋を貼る」「線を引く」のは良い学習法ではないのだと、再確信しました。

ここまで読んだら……

エクセル（スプレッドシート）を開こう

ノウハウの輪郭《りんかく》を浮き彫りにする「なるほど」の収穫作業

では、「なるほど」は何をどうやって収穫するのでしょうか。

まず「ノウハウ」に関する「なるほど」は、この後の工程の「奥義の特定」でとても重要となるので、特にしっかり収穫しておきたいです。

しっかり収穫したいノウハウに関する「なるほど」

・本で書かれているノウハウ
・ノウハウとは逆を行なうデメリット
・似て非なるノウハウ

「本で書かれているノウハウ」を収穫するのは比較的イメージしやすいと思うのですが、その輪郭をしっかりとらえるために、**「ノウハウとは逆の理論を行なうデメリット」や「似て非なるノウハウ」も必ず一緒に収穫**することを忘れないでほしいのです。

たとえば本で書かれているノウハウが、「朝早く起きる」だったときに、「ノウハウとは逆を行なうデメリット」である「朝遅く起きると（寝坊すると）1日の中で自分のために使う時間が少なくなります」などの文章も一緒に収穫します。

これにより、「朝早く起きる」ことは「自分のために使う時間を確保するため」なんだ、と瞬時に理解できますよね。

[図 14] 「逆を行なうデメリット」と「似て非なるノウハウ」

本で書かれているノウハウ

「朝早く起きる」

＋

「逆を行なうデメリット」に該当する「なるほどリスト」

なるほどリスト	ページ
朝遅く起きると（寝坊すると）1日の中で自分のために使う時間が少なくなる。	12

＋

「似て非なるノウハウ」に該当する「なるほどリスト」

なるほどリスト	ページ
夜遅く寝て、朝早く起きるのではまったく意味がない。	7

正確なノウハウ

睡眠時間をしっかり確保したうえで朝早く起きて、午前中に自分のための時間を増やす

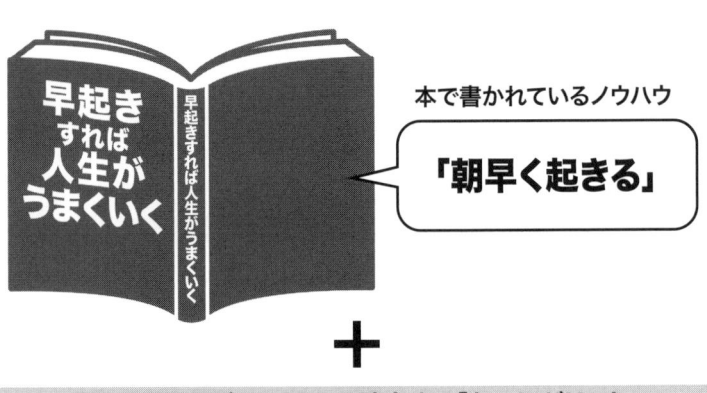

さらにノウハウの裏側に、「夜も早く寝て睡眠時間をしっかり確保する」という意図があったとしましょう。

その場合、「似て非なるノウハウ」として「夜遅く寝て、朝早く起きるのではまったく意味がありません。なぜなら翌朝のパフォーマンスが落ちるからです」と書かれているところもセットで収穫します。

すると、このノウハウは「睡眠時間をしっかり確保したうえで朝早く起きて、午前中に自分のための時間を増やす」が正確なノウハウであることが、「なるほどリスト」を眺めるだけで理解できるようになるのです。

このようにしっかり「ノウハウ」の輪郭がとらえられるようになると、「完コピ読書術」の次の工程である「奥義」の特定もやりやすくなりますし、実践に移ったときにも素早く正確にノウハウを遂行できるようになるので、完コピの成功確率も高まります。

つまり、効果は絶大！　だから面倒がらずにしっかり収穫していきましょう。

ほかにも「なるほど」候補となるものを挙げると、次のようなものがあります。

●経験談

・著者の成功体験
・著者の失敗体験　※特にしっかり収穫！

●ToDo

・実践するためのタスク
・練習メニュー
・実行の注意事項
・ノウハウが当てはめられる場面のバリエーション
・つまずいたときの対処法

●思想、行動

・変えなくてはいけない思想、行動　※特にしっかり収穫！

・変えなくても良い思想、行動

・自分が苦手と感じるもの

・自分が何度も失敗しているもの

●格言

・自分が「頑張ろう」と思える著者の言葉

・自分が心に留めたい格言

・他の人にも聞かせてあげたい格言

これらは、あくまで「なるほど」のイメージを広げていただくための参考程度で、厳密にピックアップしてほしいというものではありません。

ただ、**「失敗談」や「変えなくてはいけない思想、行動」**など、どちらかと言えばネガティブなノウハウは後から行なう「滝行」で使うので、しっかり収穫したいところです。

「こんなにたくさん『なるほど』って収穫するの？　これじゃ全部、書き写してるようなもんじゃないか！」と不安になるときもあると思います。

まったく問題ないです。

なにせ、師匠の脳を自分の脳に移植するのが「完コピ読書術」です。遠慮はいりません。**渋らず、ぜんぶ収穫しきってください。**

エクセル（スプレッドシート）なら後からいつでも削除できますし、迷っている時間が、むしろもったいない。

むずかしく考えずに、ビビっときたら、どんどん収穫していく。これで大丈夫です。

ここまで読んだら……

片っ端から「なるほど」を収穫（エクセルに入力）しよう

あなたの「なるほどリスト」は、人生の総決算

一方、いくら「師匠本」であっても「なんかこの部分は刺さらないな」「今の私には必要ないな」「何言ってるかわからない」といったところは当然あるものです。

そんなところは遠慮なく読み飛ばしてOK。師匠だからといって忖度《そんたく》する必要はまったくありません。

「あれ？　30ページ分くらい、なるほど収穫が発生していないな」

と思っても気にしない。それらの文章は、もしかしたら5年後のあなたに響く文章なのかもしれません。でも今のあなたには必要ないのです。

そして、**なるほどリストに「なるほど」が20個くらい溜まった時点で、そのリストを眺めてみましょう。**

「私はこういうことを知りたかったんだ」「こういうことに感動するんだ」「大事にしているんだ」という傾向が見えてくるはずです。

あなたがもしタスク管理や整理整頓の重要性について書きだしていたら、「仕事の優先順位がつけられないのが課題なのかも」と気づけるかもしれません。

アスリートの挫折秘話や経営者の失敗談に共感していたとすれば、「今、私は大きな転換点にいる」と客観的に自分を見ることができます。

この作業をしている人から、よく「今までの人生を総決算しているような感覚になった」と言われます。

そうなんです。

この「なるほどリスト」を眺めることは自分の現在地を確認する作業。**「今まで気づかなかった自分」と対話しながら棚卸しする行為**なんです。

そして、それらを意識して、さらに読み進めると、どんどん吸収したいことに敏感になるセンサーが働いて、「なるほど」探しが上手になっていきます。

1冊の本から自分を変身させてくれるいろんな言葉やノウハウを「収穫」している、そんなイメージで「なるほど」をワクワクしながら集めていってください。

ここまで読んだら……

「なるほどリスト」を眺めてみよう

「なるほど」にラベルを付けて仕分ける

続いて**「ラベル」付け**の作業に移ります。

収穫した「なるほど」を眺めると、共通点が見えてくると思います。

たとえば「失敗」「良いマネジメント」「目標設定」など、自分が「なるほど」と思うものを分類できる「言葉」があるはずです。

その言葉を「完コピ読書術」では**「ラベル」**と呼びます。

それをエクセルの横軸に記載していくのです（次ページ図15❶）。

そして各「なるほど」に該当する「ラベル」があったら、**フラグ**を立てます。

フラグというのはエクセル用語で、**数字の「1」を入力する**ことです（図15❷）。

後から、集計したりするのに便利なので、必ず半角で「1」と入力してください。

[図 15] 「なるほどリスト」の見本　ラベル&フラグ立て

なるほど	ページ	失敗	目標設定	チームの反応	悪いマネジメント	良いマネジメント	真摯さ	在り方
「私は、この野球部を甲子園に連れていきたいんです」すると、それに対してさまざまな答えが返ってきた。真剣に聞いてくれた者もいれば、軽く受け流した者もいた。中には、ほとんど要領を得ない答えもあった。	9	1	1	1	1			
人を管理する能力、議長役や面接の能力を学ぶことはできる。管理体制、昇進制度、報奨制度を通じて人材開発に有効な方策を講ずることもできる。だがそれだけでは十分ではない。根本的な資質が必要である。真摯さである。	17				1	1	1	
最近は、愛想よくすること、人を助けること、人づきあいをよくすることが、マネジャーの資質として重視されている。そのようなことで十分なはずがない。	18	1			1			
一流の仕事を要求し、自らにも要求する。基準を高く定め、それを守ることを期待する。何が正しいかだけを考え、誰が正しいかを考えない。真摯さよりも知的な能力を評価したりはしない。	18					1	1	
マネジャーの仕事は、体系的な分析の対象となる。マネジャーにできなければならないことは、そのほとんどが教わらなくとも学ぶことができる。しかし、学ぶことのできない資質、後天的に獲得できない資質、始めから身につけていなければならない資質が、一つだけある。才能ではない。真摯さである。	18					1	1	1

❶ラベル

自分で考えた言葉でも、本書から
引用した言葉でも何でもOK！

❷フラグ

1つの「なるほど」に対して
複数フラグ「1」を立ててもOK！

このラベル&フラグが後からの仕分けに
すごく役立つのでお楽しみに〜

(『もし高校野球の女子マネージャーがドラッカーの「マネジメント」を読んだら』の「なるほどリスト」から一部抜粋)

また、1つの「なるほど」に対して、該当する「ラベル」は1つでなくて大丈夫です。

1つの格言や文章でさまざまな示唆《しさ》が与えられているものは、〝素敵なノウハウ〟ですから、該当するラベルには、どんどん「1」と入力していきましょう。

「なるほどリスト」は朝礼のスピーチにも使える

また「なるほどリスト」の作成の際に、よくつまずきがちなのが、**「ラベルの文言が思い浮かばない」**ということ。

その場合は、本で書かれている言葉をそのまま引用してOKです。特に、**本の中で太字になっている見出しや目次の文言はラベル候補**です。

私はこの段階で脳みそをたくさん使いたくないので、オリジナルのラベルよりも断然《だんぜん》、本の言葉を引用する派。あまり難しく考えずに、気楽に進めていきましょう。

ちなみに、オリジナルの「ラベル」付けをする場合のコツは、

「そのノウハウに関する濃いリストを後から取り出すためである」

と、しっかり意識することです。

たとえば、「朝礼で使えるフレーズだな！」と感じたら、「朝礼」というラベルを付けます。あるいは、具体的な人物をイメージして「○○ちゃんの教育で使える！」と感じたら、「○○ちゃん教育」というラベルを付けるのです。

今抱えている課題と結び付けたものを自由に付けていいのが、ラベルのスゴイところ。

そんな「なるほどリスト」が作れたら、しめたもの。日々の困りごとに直面したときに、課題を解決する参謀的な存在となるでしょう。

一方、気をつけたいのは「参考になった」「感動した」「実践しようと思った」などという情緒的なラベル。

こうしたラベルばかり並べると、後から役に立たないケースも多くあります。実践の段階にそのラベルで呼び出すことが多くはないからです。ダメではないのですが、情緒的なラベルは2、3個くらいに留めるのが良いでしょう。

ここまで読んだら……

ラベルとフラグを入れて、「なるほどリスト」の完成!

【「なるほど」収穫&ラベル付けに関するよくある質問】

Q. 「なるほど」があまり見つかりませんが、どうしたらよいですか?

A. 「金メダル妄想」(48ページ)が足りていないと、「なるほど」が見つからないケースがあります。自分がこの「師匠本」から何を学びたいのか、どんな状態になっていたいのか。ぜひ、「金メダル妄想」をやり直してから、もう一度読んでみてください。

なりたい自分像がはっきりすればするほど、自分に必要な「なるほど」がクリアに見えてきます。

Q. 「なるほど」は何個くらい収穫するのが適切ですか?

A. 本にもよりますし、個人差があるので一概には言えませんが、30〜100個くらいの人が多いです。なかには300個書き出したというツワモノもいます。どれもみんな正解。自分が活用しやすい「なるほどリスト」を自由に作って良いので、数にこだわる必要はありません。

Q. ラベルがどうしても思い浮かばないのですが、コツはありますか？

A. ラベルが思いつかない人は、「なるほど」の数がまだ足りていないのかもしれません。最低でも15～20個くらい「なるほど」が溜まってから、その共通項となるラベルを考えるとやりやすいでしょう。

Q. ラベルは何個くらい付けて良いのですか？

A. これも大きく個人差があります。取り出したい場面がたくさんイメージできている人は20～30個になるケースもあります。一方、10個くらいしか収穫時には付けない人もいます。でも厳密に考えなくて大丈夫。

エクセルなら自由に後からラベルを追加できますので、あまり難しく考えずに、まずは本に書かれている文言や、思い浮かんだラベルを自由に付けていけば良いのです。

誰にとっても面白く読める本が、
「なるほど」を収穫すると、
「あなただけの名著」になる。

実行ステップ2

本の真髄「奥義」を特定せよ

ビジネス書を読みあさり、結果が出ない人の特徴

「師匠本」を読み終え、「なるほど」の収穫作業とラベルの分類も終わったら、今度は本格的に師匠の脳を自分の脳に移植し、教えを身に落とすための作業に入ります。

それが**「奥義」の特定**です。

本には、さまざまなノウハウが書かれています。きっとあなたの「なるほどリス

ト」にもたくさんのノウハウと、それを分類したラベルが並んでいるでしょう。

しかし、ここで気をつけたいことが！

「端っこのノウハウをいくら実践しても、『師匠本』を完コピしたことにはならない」ということです。

それは「完コピ」ならぬ「表面コピー」だからです。

例を挙げましょう。

「行動力」に課題があったAさんが、『神・行動力』という本を手に取ったとします（こんな本はありません）。

Aさんとしては、本の中に書かれた「とにかくやれ、考えずに動け」という格言が心に響きました。

当然、「なるほどリスト」にピックアップしています。

ところが、せっかちなAさんは、これならすぐ実践できそう！　と、朝から晩まで走り回るように仕事をしました。

一方、本全体を通したテーマは、むしろ動いた後の「結果を分析すること」に重きが置かれていて、Aさんも「なるほど」として収穫してはいました。ただ、自分の好みと実践のやりやすさから、それらを無視して「とにかくやる」を繰り返していたのです。

これはまさに**「表面コピー」の典型例**です。

一定期間やっても効果を感じることができなかったAさん。

自分では、本の通りに実行したつもりなので、「この本は効果がなかった」と結論づけて、ほかの本を読むことになるでしょう。あるいは「なりたい自分」も諦めたくなるかもしれません。

「奥義」を特定していれば、「結果を分析しながら動く」が実践されていて、きっと成果もついてきたはずなのに。

これは、ほんとうにもったいないことです。

せっかく良い本と出会っても、どんなにまじめに実践しても、「なりたい自分」に近づくことはできない。「表面コピー」には、そんな恐ろしさがあります。

「奥義」を特定せずに「表面コピー」をすることは、時間も労力も無駄にしてしまう危険な行為だと、肝に銘じましょう。

何を隠そう、読書下手だったころの私が、この「表面コピー」を繰り返していました。だから、心の底から「気をつけて！」とお伝えしたい。

「奥義」を特定することは、「完コピ読書」においては抜け落ちてはいけない、とても重要な勘所《かんどころ》なのです。

足腰を鍛えずして「かめはめ波」は打てない

では「奥義」とは何なのか、もう少しわかりやすく説明しましょう。

言葉のイメージから、「『師匠本』に書かれている必殺技のようなものかな」と思う人もいるかもしれません。しかし、本書で言う「奥義」は必殺技ではありません。

むしろその**必殺技を繰り出せるようになるための「基礎」**を指します。

たとえば漫画『ドラゴンボール』の「かめはめ波」を思い浮かべてください。

師匠である亀仙人との特訓で主人公の悟空は「かめはめ波」という必殺技を手に入れますが、この**「かめはめ波」は本書で言うところの「奥義」ではありません。**

「かめはめ波」を打てるようになるまでの修行の過程では、悟空は、足腰を鍛えるさまざまな特訓をやってきました。

そしてあるとき、師匠の「かめはめ波」を目にし、見よう見マネで打ててしまうのですが、これこそ本書の定義する必殺技と「奥義」の関係性。

必殺技＝かめはめ波
「奥義」＝足腰を鍛える

なのです。

料理でもたとえてみます。

私は料理が好きでいろいろなレストランの再現レシピを試しているのですが、とある有名ホテルのレストランのオムレツを再現するにあたり、ポイントにしているのは「卵をフワフワにする」ことです。

しかし、これも「かめはめ波」同様、「奥義」ではありません。

そのレストランのシェフが欠かさず行なう工程は、「卵を3個使う」「卵を3分の1ずつフライパンに入れて手前に寄せる」「フライパンの持ち手をトントンと叩く」ことなのです。これこそが本書で言うところの「奥義」となります（奥義は複数あっても構いません）。

つまり「奥義」とは、それを極めれば必殺技が繰り出せるようになる一番のコツのようなものであり、私たちがカッコいい！ 羨《うらや》ましい！ と憧れる**「師匠の必殺技＝結果や成果」を得るためのポイント**だったりします。

[図 16] 「奥義」と「必殺技」の相関図

『ドラゴンボール』かめはめ波

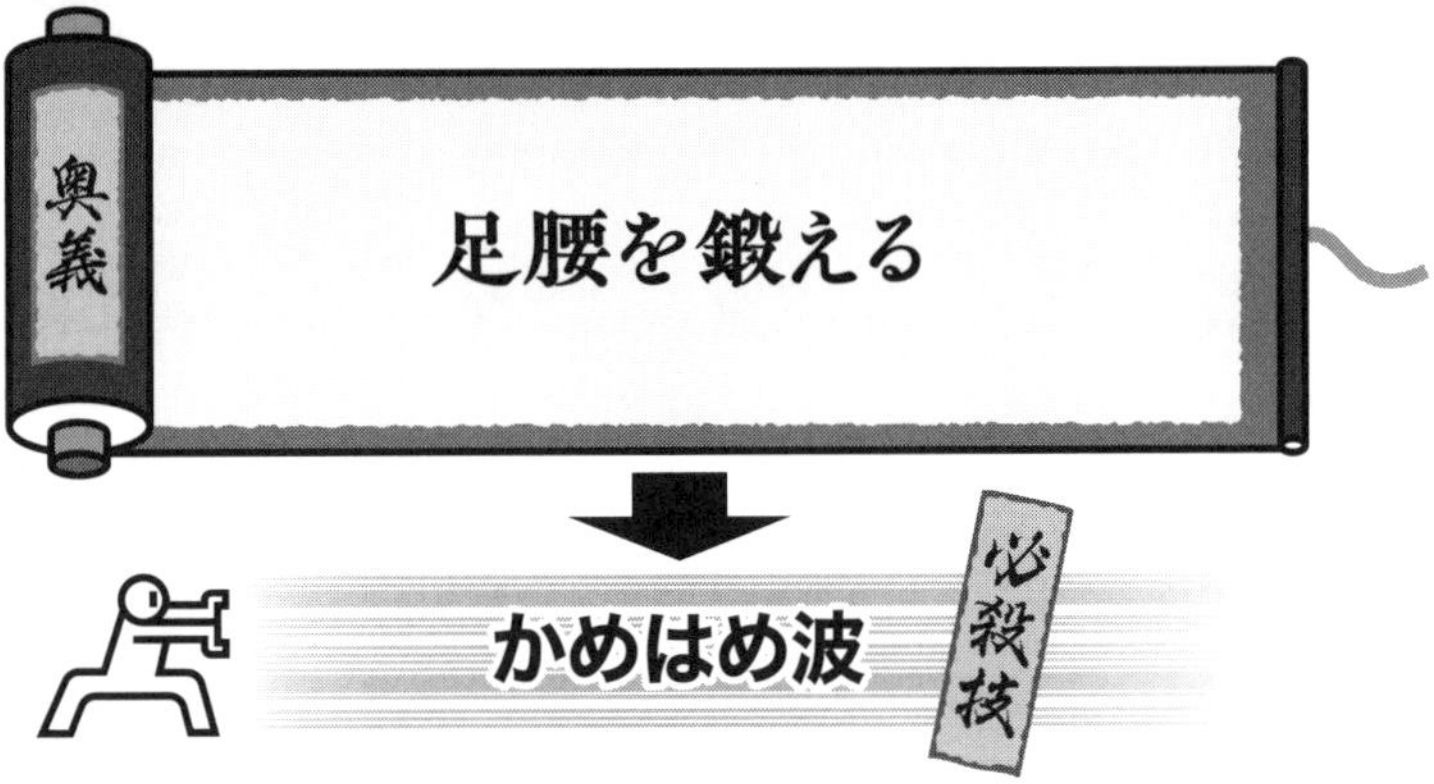

有名ホテルのレストランのオムレツ

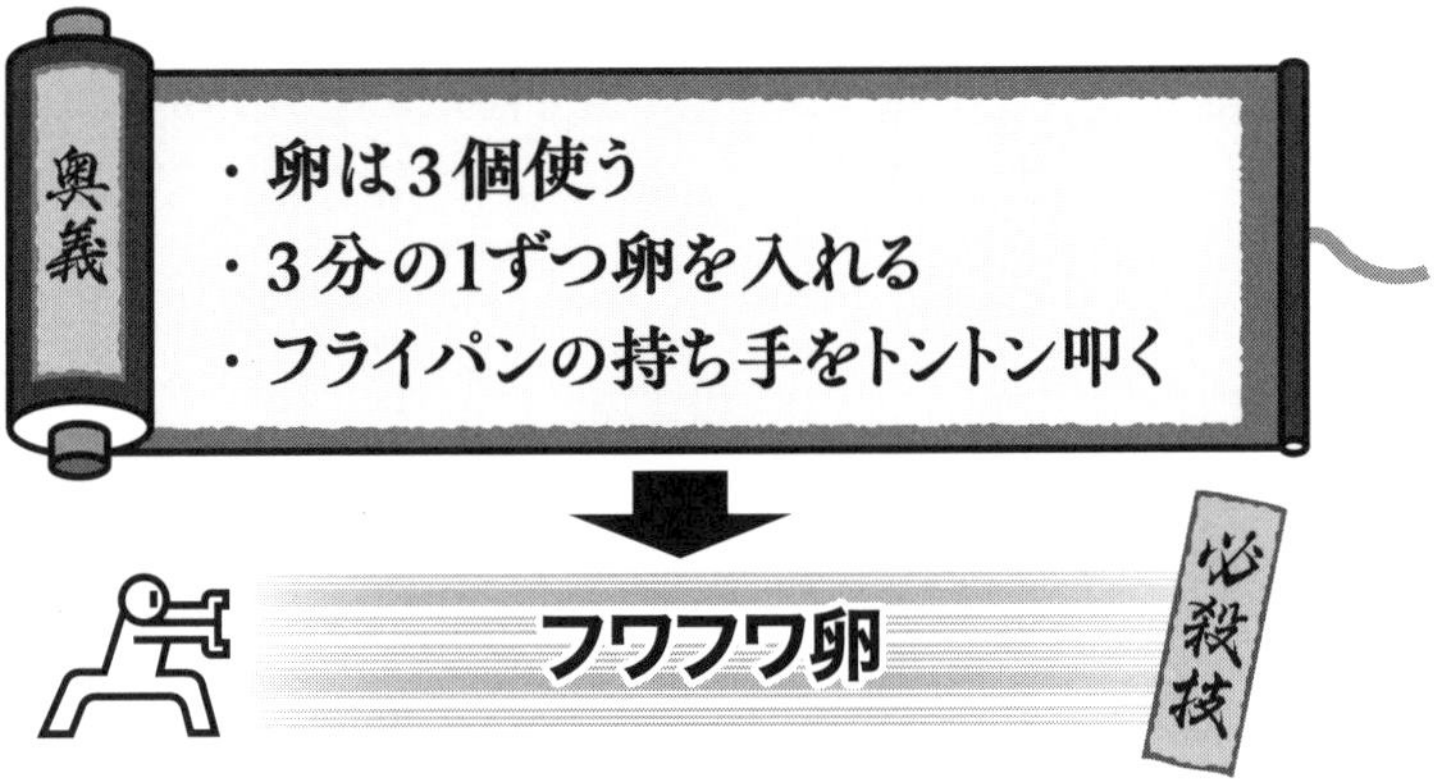

「師匠の脳を移植する」というのは、何も考えずとも息を吐くように必殺技が繰り出せる状態を目指すもの。そのためには「奥義」を特定し、徹底的に身につける必要があるのです。

そして**この「奥義」は「師匠本」によって数は大きく異なりますが、最低3つ以上はあることがほとんどです。**

そして必殺技の数も「師匠本」によって、まちまちです。

また「奥義」と必殺技の関係性もさまざまで、「ドラゴンボール型」のように1対1の関係の場合もあるし、有名レストランのオムレツのように「奥義」を複数重ねることで、ひとつの必殺技を繰り出すことができるようになる場合もあります。

あなたの読んでいる「師匠本」のタイプによって、「奥義」のタイプも異なりますが、どのタイプも正解なのです。

ベストセラーに見る「奥義」特定のステップ

今度は実際の本を使って「奥義」特定のステップをお伝えしていきましょう。

「奥義」特定のステップ

※ 181ページで作成した「なるほどリスト」（エクセルシート）を開いてください。

① 「はじめに」で、「ノウハウ」「ノウハウとは逆を行なうデメリット」「似て非なるノウハウ」に当たるところを抽出する

② ①を眺めて、キーフレーズをイメージする

③ 「目次」を眺めて、当てはまりそうな章を特定する

④その章のなかの、「ノウハウ」「ノウハウとは逆を行なうデメリット」「似て非なるノウハウ」に当たるところを抽出する

⑤ラベルなどを頼りに必殺技と「奥義」の相関図をイメージする

まず注目してほしいのは、本の**「はじめに」**です。「はじめに」には本で一番言いたいことでかつ、最も基礎的なことがギュッと凝縮されているケースが多いからです。

たとえば、話し方の本として愛され続けているベストセラーである『人は話し方が9割』（永松茂久著、すばる舎）。

この「はじめに」の「なるほどリスト」から「奥義」を推察してみましょう（持っている人は、本書と一緒に開きながら読むとイメージが高まります）。

ステップで示した手順通り、①**「はじめに」の「ノウハウ」「逆を行なうデメリット」「似て非なるノウハウ」を並べます。**

・会話がうまくなる方法、それは「苦手な人との会話を避け、大好きな人と話す時間を増やす」。これだけです。

・話し方で得している人は、特別なことはほとんどやっていません。誰にでも身につけることが可能な、この「ほんのわずかな違い」を手にしているだけです。（共に5ページ）

これらが、「はじめに」から抽出した「ノウハウ」に該当する部分です。

次に、「似て非なるノウハウ」「ノウハウとは逆を行なうデメリット」のリストを眺めて、伝えようとしている②**キーフレーズをイメージ**します。

すると、「日常的な会話」「大好きな人との会話」「話し方で得している人はほんのちょっとの差」がそれにあたるとわかります（図17参照）。ここまで特定できれば、しめたもの。

これについて書かれている可能性が高いところを③**「目次」で探す**のです。目次を見ると、それらは第1章の「人生は『話し方』で9割決まる」に書かれていそうだと推察できました。

続いて「なるほどリスト」の「ページ」の列を頼りに、第1章にあたるページの④**「なるほどリスト」から「ノウハウ」に該当するところを眺めます。**

そして⑤**ラベルの相関図を考えるのです。**ポイントは「奥義」と必殺技を混同しないように仕分けること。

「奥義」：基礎に当たるもの
必殺技：基礎を極めることで自然と到達できるスキルや結果

[図 17] 『人は話し方が9割』なるほどリスト

なるほど	ページ	ノウハウ	逆を行うデメリット	似て非なるノウハウ
会話がうまくなる方法、それは「苦手な人との会話を避け、大好きな人と話す時間を増やす」。これだけです。	5	1		
話し方で得している人は、特別なことはほとんどやっていません。誰にでも身につけることが可能な、この「ほんのわずかな違い」を手にしているだけです。	5	1		
職場、家族、友人、配偶者、恋人、コミュニティの仲間…といった身近な人たちとの人間関係を円滑にする方法です。	6	1		
その分岐点は、大きな舞台ではなく、日常のささいな部分でどんな風に話すのか、で決まるのです。	8	1		1
話し上手な人とは、どんな人でしょうか？　お笑い芸人や噺家さん、アナウンサーのように、流暢にものを伝える人のことでしょうか？	6			1
職場でのプレゼンテーションで上手に周囲を巻き込んでいく人のことでしょうか？				
人前でのプレゼンテーション、そういう場面に出くわす確率よりも、日常的な場面でのコミュニケーションが人生の大部分を占めています。どんなに素晴らしいノウハウでも、日常生活で使えるものでないと意味がありません。	6,7	1	1	

ノウハウ

・ノウハウとは逆を行なうデメリット
・似て非なるノウハウ

「奥義」を特定するキーフレーズ

●**日常で使えること**（× プレゼン、お笑い芸人など）
●**大好きな人との会話**
●**話し方で得している人は「ほんのちょっとの差」**

そのような観点で、第1章を整理すると、図18のような相関図が浮かんできます。

いかがでしょうか？　少し難しく感じられた方もいたかもしれません。でも、今、頭で理解しなくても大丈夫です。

この部分は慣れるまで、実際の「師匠本」をとなりに置きながら、まさに完コピするようにじっくり進めてもらうと良いでしょう。

「え～。私が考えた『人は話し方が9割』の『奥義』とは違います……」

実際に読んだ人の中では、もしかしたら、そんな疑問を抱えた方もいるかもしれません。

はい、**これは唯一の正解ではありません。**だから、違っても大丈夫。

なぜなら、これらがすでにできている人にとっては、別の部分が「奥義」になりえるからです。

[図 18] 『人は話し方が9割』の「奥義」と必殺技

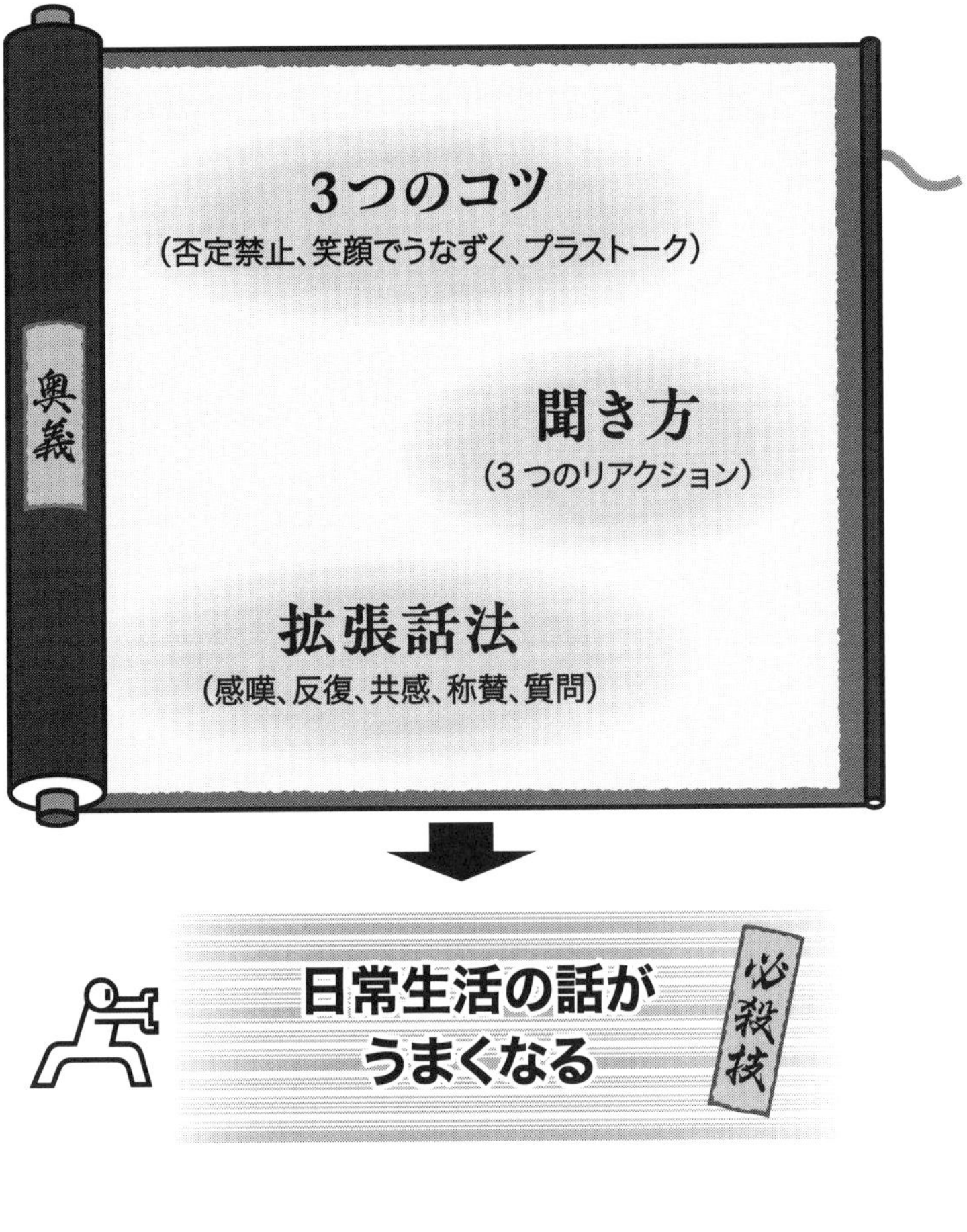
奥義
3つのコツ
(否定禁止、笑顔でうなずく、プラストーク)
聞き方
(3つのリアクション)
拡張話法
(感嘆、反復、共感、称賛、質問)
日常生活の話が
うまくなる
必殺技

ひょっとしたら、「はじめに」ではない場所にヒントが眠っている人もいるかもしれません。

一方で、「師匠本」選びでは「はじめに」に「なるほど」が大量発生することが大事な基準になるとお伝えしました（94ページ）。ですから、多くの人がこうした手順で行なえば、比較的、簡単に「奥義」を特定できることでしょう。

また「師匠本」では、複数の必殺技とそれに対応する「奥義」が存在しているケースも多くあります。

「それらの『奥義』はぜんぶ特定したい！」

そんな完璧主義者さんもいると思うのですが、**1つの「奥義」が特定できた時点で、いったんストップすることをおすすめします。**

まずは、次の工程に進んでほしいからです。

というのも次の「滝行」も、「特訓プログラム」も、たくさんの「奥義」を一気に取り組むことは実際、無理だからです。大変すぎるし、難易度も相当高くなってしまう。「完コピ読書術」を習得する意味でも、まずは1つの「奥義」で止めておいてほしいのです。

「完コピ読書術」は、多くの人にとって、きっと初めて体験する読書法です。まずは1つの「奥義」習得から、焦らず、ゆっくり進めていってください。

そうすれば、1冊まるごと完コピできる力も着実につくはずですから。

ワーク

本書『1冊まるごと「完コピ」読書術』の「はじめに」を読み、「目次」を眺めて、あなたが最初に取り組むべき「奥義」を見つけましょう。

模範解答

●「はじめに」から読み取れるキラーフレーズ

↓「師匠本」1冊をとことんやり抜く

●最も初歩的な「奥義」

↓なりたい自分に導く「師匠本」を選ぶ方法を習得する：第2章

●その他の「奥義」

※「師匠本」がすでに見つかっている人にとっては、こちらが「最も初歩的な奥義」に当たる場合もあるでしょう

↓「なるほど」を書き出す：第4章

↓タスクを実践する（「奥義」の特定、「滝行」、特訓プログラム、うまくいかないときの対処法）：第4章、第5章

●必殺技
なりたい自分になる

あなたが本書でピックアップした「奥義」と合っていましたか？

まだ最後まで読んでいない人は、この時点でピンとこない部分もあるかもしれません。そんな方は、ぜひ読了した時点で、もう一度ここに立ち戻り、自分にとって最初に取り組むべき「奥義」について答え合わせしてみると良いでしょう。

「参考にはなったけど、何から実践したらいいの？」

そんなふうに思ったときほど、自分にとっての初歩的な「奥義」に立ち返ってほしいからです。

多くの人が、この「奥義」の特定をしないまま、安易に必殺技による結果だけを追い求め、かつての私のように失敗しています。読書による効果を得られない原因はここにあると言っても過言ではありません。

大切なことなのでもう一度言いますが、最も重要なのは、**必殺技につながるコツ＝「奥義」を特定し、身につけること。**これこそが、本書『1冊まるごと「完コピ」読書術』の「奥義」のひとつなのです。

仕上げに「金メダル妄想」をする

ステップ2の終わりが近づいてきました！

「奥義」が特定できたら、ここで再度、「金メダル妄想」を行ないましょう。

「金メダル妄想」とは、師匠本のノウハウを手に入れたことで叶う、自分にとっての成功イメージを頭の中で映像化することでしたね。

・「奥義」を身につけたら、あなたはどんな必殺技を出せるようになるのでしょう？
・周りはどんなふうに称賛するでしょう？
・「奥義」を身につけるために、普段のどんな行動をチェンジする必要がありますか？
・その結果、あなたの立場、仕事、生活はどう変わっているでしょう？

目を閉じて、映像でしっかり思い浮かべてください。

きっと以前よりもクリアな形で、「なりたい自分」に近づく道筋が見えてきたはずです。

「奥義」は
師匠があなたに授けてくれた
人生の伸びしろ。

実行STEP❸

自分との対話を重ねる「滝行」で思考をカイゼン

今度はいよいよ**「滝行」**に入ります。

「滝行」は、**自分との対話を通して、自らの思考や行動を矯正するステップ**です。

本の内容を徹底的になぞり、自分にあてはめて解釈していく作業で、瞑想とも似ていますが、**刺激はかなり強め**です。

なぜなら今までの自分の価値観や思考のクセを見つめ、

「今までなぜ、うまくいかなかったのか」

「なぜ師匠のような必殺技をくりだせなかったのか」

「その思考が、行動が、ダメなんだ！」


と、自分に突きつける作業だからです。けっこう痛いです。グサッときます。目を背けたくなります。言い訳したくもなります。でもその事実にじっと向き合う。それが「滝行」なのです。


それでは、「滝行」のやり方を説明しましょう。

また「なるほどリスト」から「奥義」に該当するものを抽出してください。

その際は、繰り返しですが、最初に取り組みたい1つの「奥義」だけを行なうこと。

ここでは、ノウハウの逆となる「失敗談」や「変えなくてはいけない思想や行動」など、**どちらかと言えばネガティブなノウハウに注目しましょう。**

「滝行」に向く「なるほどリスト」

●ノウハウ

・逆を行なうデメリット

・似て非なるノウハウ

●経験談

・著者の失敗体験

●思想、行動

・変えなくてはいけない思想、行動

・自分が苦手と感じるもの

・自分が何度も失敗しているもの

これらに該当するラベルを、エクセルのソート機能を使って呼び出し、じっくり熟読します（図19参照）。

もしもあなたが収集した「なるほどリスト」にこれらに該当するものがなければ、もう一度「奥義」が書かれているページの前後を読んで探してみましょう。きっと、該当するところが見つかるはずです。

たとえば、私が起業を決意する前に「師匠本」にした松下幸之助著『道をひらく』では、「滝行」をかなり熱心に行ないました。

当時の私は所属する組織への義務感と、芽生えはじめた起業への想いで葛藤していました。そのときの私にとっては、**『道をひらく』の「奥義」は「道を切り開く思考」であり、「滝行」するべきところは「道なき道をどうとらえるのか？」という部分。**

その際に私が行なった「滝行」の一部をご紹介しましょう。

[図 19] 「滝行」で使うエクセル「ソート機能」

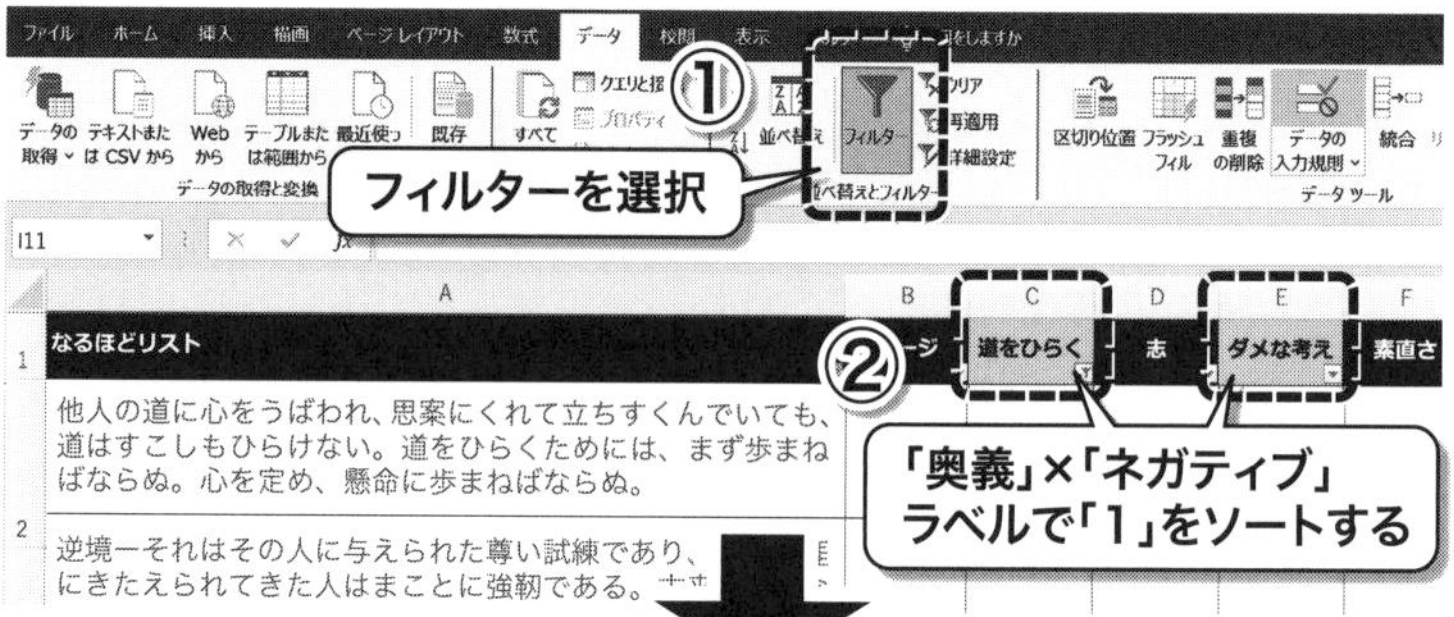

ファイル ホーム 挿入 描画 ページレイアウト 数式 データ 校閲 表示
データの取得 テキストまたは CSV から Web から テーブルまたは範囲から 最近使った 既存 すべて
クエリと接続 プロパティ
並べ替え フィルター クリア 再適用 詳細設定
並べ替えとフィルター
区切り位置 フラッシュフィル 重複の削除 データの入力規則 統合
データの取得と変換
データツール
①
フィルターを選択
I11
A B C D E F
なるほどリスト
ページ
道をひらく
志
ダメな考え
素直さ
②
他人の道に心をうばわれ、思案にくれて立ちすくんでいても、道はすこしもひらけない。道をひらくためには、まず歩まねばならぬ。心を定め、懸命に歩まねばならぬ。

逆境一それはその人に与えられた尊い試練であり、にきたえられてきた人はまことに強靭である。

「奥義」×「ネガティブ」ラベルで「1」をソートする

なるほどリスト	ページ	道をひらく	志	ダメな考え
他人の道に心をうばわれ、思案にくれて立ちすくんでいても、道はすこしもひらけない。道をひらくためには、まず歩まねばならぬ。心を定め、懸命に歩まねばならぬ。	11	1		
逆境一それはその人に与えられた尊い試練であり、この境涯にきたえられてきた人はまことに強靭である。古来、偉大なる人は、逆境にもまれながらも、不屈の精神で生き抜いた経験を数多く持っている。	12	1		
逆境は尊い。しかしまた順境も尊い。要は逆境であれ、順境であれ、その与えられた境涯に素直に生きることである。謙虚の心を忘れぬことである。	12,13	1		
今まで他に頼り、他をアテにする心があったとしたならば、いさぎよくこれを払拭しよう。大事なことは、みずからの志である。みずからの態度である。千万人といえども我ゆかんの烈々たる勇気である。実行力である。	15	1		1
いくつになってもわからないのが人生というものである。世の中というものである。それなら手さぐりで歩むほか道はあるまい。わからない人生を、わかったようなつもりで歩むことほど危険なことはない。わからない世の中を、みんなに教えられ、みんなに手を引かれつつ、一歩一歩踏みしめていくことであ に、 して真剣に。	17	1		1

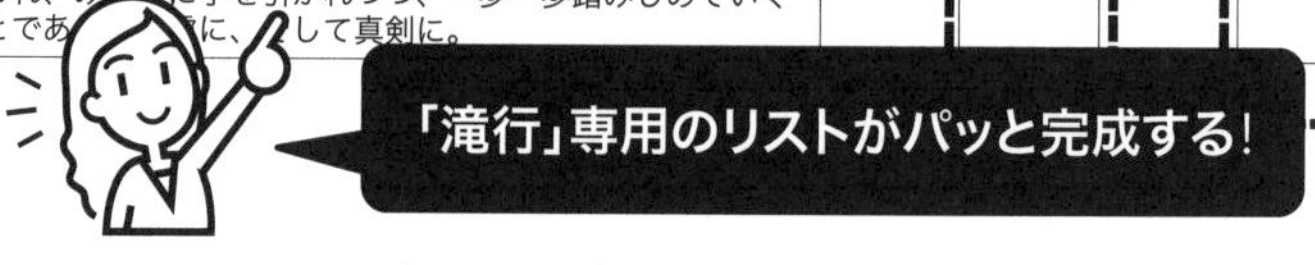

「滝行」専用のリストがパッと完成する!

（松下幸之助著『道をひらく』〈PHP 研究所〉の「なるほどリスト」から一部抜粋）

今までのさまざまの道程において、いくたびか志を立て、いくたびか道を見失い、また挫折《ざせつ》したこともあったであろう。しかし道がない、道がひらけぬというのは、その志になお弱きものがあったからではなかろうか。つまり、何か事をなしたいというその思いに、いま一つ欠けるところがあったからではなかろうか。（14、15ページ）

【滝行＝自分との対話】

メディア編集長に就任してから3年。今、私はまさに道を見失ってる。事業は就任当初と比べても、30倍という驚異の結果を叩き出しているのに、喜びはぜんぜん比例していない。

私は組織や事業を大きくすることに、そもそも興味がないし、そのために日々ディスカッションすることがつらい。モチベーションが高いふりをしながら会議を先導するのは、上司としてみんなにも申し訳ない。というか無責任なのではないか？「メディアを大きくする」という志が弱いんだ。でも、ほんとうにやりたいことって何なんだろう……。

今まで他に頼《たよ》り、他をアテにする心があったとしたならば、いさぎよくこれを払拭《ふっしょく》しよう。大事なことは、みずからの志である。みずからの態度である。千万人といえども我ゆかんの烈々たる勇気である。実行力である。（15ページ）

【滝行＝自分との対話】

志って何だろう。それは、私の持っている力を使えば世の中が良くなると思える何かに、心を燃やすことかな。私はマーケティングの分析で400式場の数値を改善できた。ノウハウも作れた。

だったらブライダル業界をもっと良くするために教育の分野を仕事にできないだろうか？　今いる組織にいて安全な立場からやっているのは、「師匠本」が言うところの**今まで他に頼り、他をアテにする心があったとしたならば**なのではないだろうか。自分の100％の責任で事業を作る覚悟はあるか？

「起業」という形でやれやしないか？　**千万人といえども我ゆかんの烈々たる勇気である。実行力である**を私は持てるのだろうか？

いくつになってもわからないのが人生というものである。世の中というものである。それなら手さぐりで歩むほか道はあるまい。わからない人生を、わかったようなつもりで歩むことほど危険なことはない。わからない世の中を、みんなに教えられ、みんなに手を引かれつつ、一歩一歩踏みしめて行くことである。謙虚に、そして真剣に。

（17ページ）

【滝行＝自分との対話】

わかったように歩めるはずもないけれど、「経営の神様」と呼ばれた松下幸之助でさえ、手さぐりと感じることがあるのか！

たしかに今、私たちから見たらとても偉大な人だけど、最初から偉大だったわけではないはずだ。ここにあるように、いろんな人を頼りながら、行動を前に進めてみてはどうか。

そうだ！　起業の先輩である友人たち数人に話を聞きに行こう。まずはそこから始めよう。

「滝行」はこのような具合で、**最初は自らのダメな部分に向き合い、今の状況と照らし合わせて師匠の言葉を解釈し、自分との対話を繰り返していきます。**

それにより、今ある閉塞感を切り開くポイントがだんだんと見つけられるようになるのです。

ただ、このようにスムーズに進む「滝行」ばかりではないのも事実。「滝行」がとてもつらいトンネルのように感じられることもあると思います。

でも心配しないでくださいね。大丈夫です。

最初から長時間、滝に打たれる経験は大変です。最初は5分くらいの冷水シャワーのごとく、少しずつやっていきましょう。ちょっとでも、

「自分のここがいけなかったんだ」

そんなポイントが見つかったら、成功。それを何度か積み重ねれば良いのです。

もうひとつ、焦って読んではいけません。

つい普段の読書のクセですいすい読み進めてしまう人は、普段より3倍くらい時間をかけるつもりで、一行一行を自分に問いかけ、噛みしめるように、文章と対話してください。

また、この「滝行」は次の「特訓プログラム」に進んだときに、戻ってやり直すことも効果的です。

「特訓プログラム」で成果が出ないなと思ったら、それはあなたの今までの思考や行動のクセが邪魔していることが多くあるからです。

「なりたい自分」になる突破口が開けるまで、根気よく、師匠の脳のカケラと自分の脳を接続するための「なるほどリスト」と、あなたとの対話（＝「滝行」）を続けていってください。

実行ステップ3

一行一行を丁寧に読む。
行間で自分と対話をする。
どうだろう？
「なりたい自分」の足音が
聞こえてこないだろうか。

実行ステップ❹

読書から実行に移すための「特訓プログラム」

「滝行」がうまくいくと、次に自分がやるべき行動が思い浮かんでいることが多いですが、ここではあえて実践の極意についてもお話ししていきましょう。

本を読んですぐに実践に移せる人は、そう多くはありません。それは、あなたの行動力が欠けているのではなく、たんに「やり方」を知らないだけです。

そこで、本邦初公開！　**読書から行動に移す実践法**をこれからご紹介しましょう。

ここまで本書を読んできた勘のいい人は、「特訓プログラム」というネーミングからすでにお気づきかもしれませんね？

そう。**ただ実践するのではなく、まさに「特訓」する**のです。

繰り返し、うまくいくまで、できるようになるまで繰り返す。まさに、やり抜くためのプログラムを作っていこう！　というのがこの4つ目のステップです。

師匠の脳を移植するということは、息を吐くように、何も考えずに「奥義」ができて、いつの間にか必殺技が難なく繰り出せる状態を目指すもの。

頭で考えているだけで、賢くなったつもりになっているのではダメ。それは机《き》上《じょう》の空論にすぎません。

ただ「師匠本」のタイプや、抽出した「なるほどリスト」「奥義」によっても「特訓プログラム」はたくさんのバリエーションがあるため、ここでは**代表的な7つの手法**を簡単にご紹介します。

いずれも私や「完コピ読書術」を実践した人で、効果が見られたものだけを厳選しています。

【特訓プログラム①】そのまんまトレーニング法

「師匠本」に書かれていることをその通り実践する方法です。

なかには、実践する手順を表にしてくれていたり、ワークシートのように書き込むフォーマットを準備してくれている本もあります。

その場合は、オリジナルで作成する必要はないので、そのまま素直に実践すればOK。頻度や回数も指定されていれば、その通り実行してください。

最も楽な実践方法ではありますが、**大切なことは到達度。**しっかり「奥義」が身についているか確認して、「まだだな……」と感じたら、回数や頻度をさらに増やしてみましょう。

【特訓プログラム②】戦略アレンジ法

「奥義」の特定→「滝行」がうまくいくと「自分の状況だったら、これをやったら良いんじゃないか？」というアイディアがひらめいたりします。

第3章の『もしドラ』を私が完コピしたエピソードで創り上げた「サッカー受注戦略」（135ページ）がその典型例。強みをかけ合わせる野球の話から着想を得て、営業戦略をあみ出したように、「師匠本」で書かれている戦略にアレンジを加えるものです。

そのときに「サッカー受注戦略」などというようにキャッチーな名前を付けると、より愛着がわくでしょう。チームで完コピを行なう場合にも、合言葉のようにパッと理解が進むので、コミュニケーションが円滑に進み、成功確率も高まります。

【特訓プログラム③】人数増強法

「そのまんまトレーニング法」や「戦略アレンジ法」を複数人で行なう応用プログラムです。1人でやっているとうまくいかずに行き詰まってしまったり、続かなかったりすることがあります。

そんなときには、**「師匠本」を教科書のように使い、仲間を集めてやる**と良いでしょう。「そのまんまトレーニング法」「戦略アレンジ法」で、上手に特訓できている人のコツをシェアしたり、うまくいかないことをディスカッションしたりするのです。1人では深められないくらい「奥義」の習得を進められますよ。

また、そうしたディスカッションを定期的に開催することを決めるのもポイント。そこまでにやらなきゃ！　という自身への追い込みにつながります。

【特訓プログラム④】場面チェンジ法

これも「人数増強法」と同様、「そのまんまトレーニング法」や「戦略アレンジ法」の応用編です。

たとえば「奥義」を会社のマネジメントに活かすことができたら、今度は子育ての場面でもやってみるといったかたちで、**使う場所を変えてみる**という特訓プログラムです。さまざまな場面で応用できたら、「奥義」達人の域と言えるでしょう。

1つの「奥義」から必殺技を増やす感覚で、どんどん最強の自分になってください。

【特訓プログラム⑤】フォーマット改良法

特に仕事の場面で「奥義」を実施するときに使える方法です。

たとえば、**日報のフォーマットにひと枠「今日挑戦したこと」を追加してみる。**そこに必ず、「奥義」を実践した感想を書き込むと決めれば、実践の頻度も上がります。

また上司に新しいスキルを習得していることを知ってもらえるため、有益なアドバイスがもらえるかもしれません。

自分以外の誰かに日々の行動を報告することで、まるで監視されているように感じられる効果はとても大きいものです。あえて、自分を追い込む状態が自然と作られるからです。

「日報」のほかにも、「面談シート」や「数値管理シート」など、定期的に記入する必要があるものに少し改良を加えるだけで、特訓を続けるための仕組みができ上がります。

【特訓プログラム⑥】フォーマット導入法

「フォーマット改良法」と似ていますが、微妙に違います。

もしあなたがフォーマットを自由に作る権限を持っていたら、「奥義」習得のためのフォーマットを導入するという手もあります。

私はメディア編集長時代に、とにかくメンバーの人間関係のいざこざに巻き込まれ、全体のチームワークに課題を感じていました。そのとき出会った「師匠本」が『嫌われる勇気』です。ちょうど子育てとの両立に悩んでいた時期でもあり、藁にもすがる気持ちで手に取りました。

この本における「奥義」は「他人の課題には首を突っ込まずに、自らの課題にのみ向き合う」というものですが、それを実践するために私はオリジナルの面談シー

［図 20］『嫌われる勇気』完コピ面談シート

1. あなたが仕事で一番楽しいと思うことは何ですか？ ★

自分の「才能」を認識させる質問

2. 嫌いな仕事は何ですか？ ☆

「苦手なもの」を特定する質問

3. 得意な仕事は何ですか？ ★

4. 苦手な仕事は何ですか？ ☆

5. もっと挑戦したいと思う仕事は何ですか？ ★★

「才能」の活かし方を一緒に考えるための質問

6. ❶今の編集部の課題はどこだと思いますか？ ◎

愚痴や文句をポジティブな行動に変換する質問

❷そのためにあなたができることは、なんだと思いますか？ ◎★★

7. 「マイナビウエディング」は現状、どんなサイトだと思いますか？ ◎

8. 今後どんなサイトにしていきたいですか？ ◎★★

トを作り、導入しました（225ページ図20参照）。
メンバー全員が余計な思考にとらわれることなく、自らの才能を認識したうえで、組織が達成すべき目標へのコミットメントを上げる目的で作ったものです。

この面談シートは、すぐに大きな効果を発揮しました。
まずメンバーからの日常的なグチや苦情が驚くほど減りましたし、たとえ発生しても、面談時に話し合った結論や言葉を引用するだけで「メンバー自らの課題」に視点を切り替えられるようになりました。

フォーマットを導入することで、面談の質と、チームの成果の両方を向上させる仕組みができ上がったのです。

【特訓プログラム⑦】繰り返し数値化法

繰り返し鍛錬することで身に落とすタイプの「奥義」と相性が良いのが、この「繰

[図 21] 「繰り返し数値化法」のエクセル管理

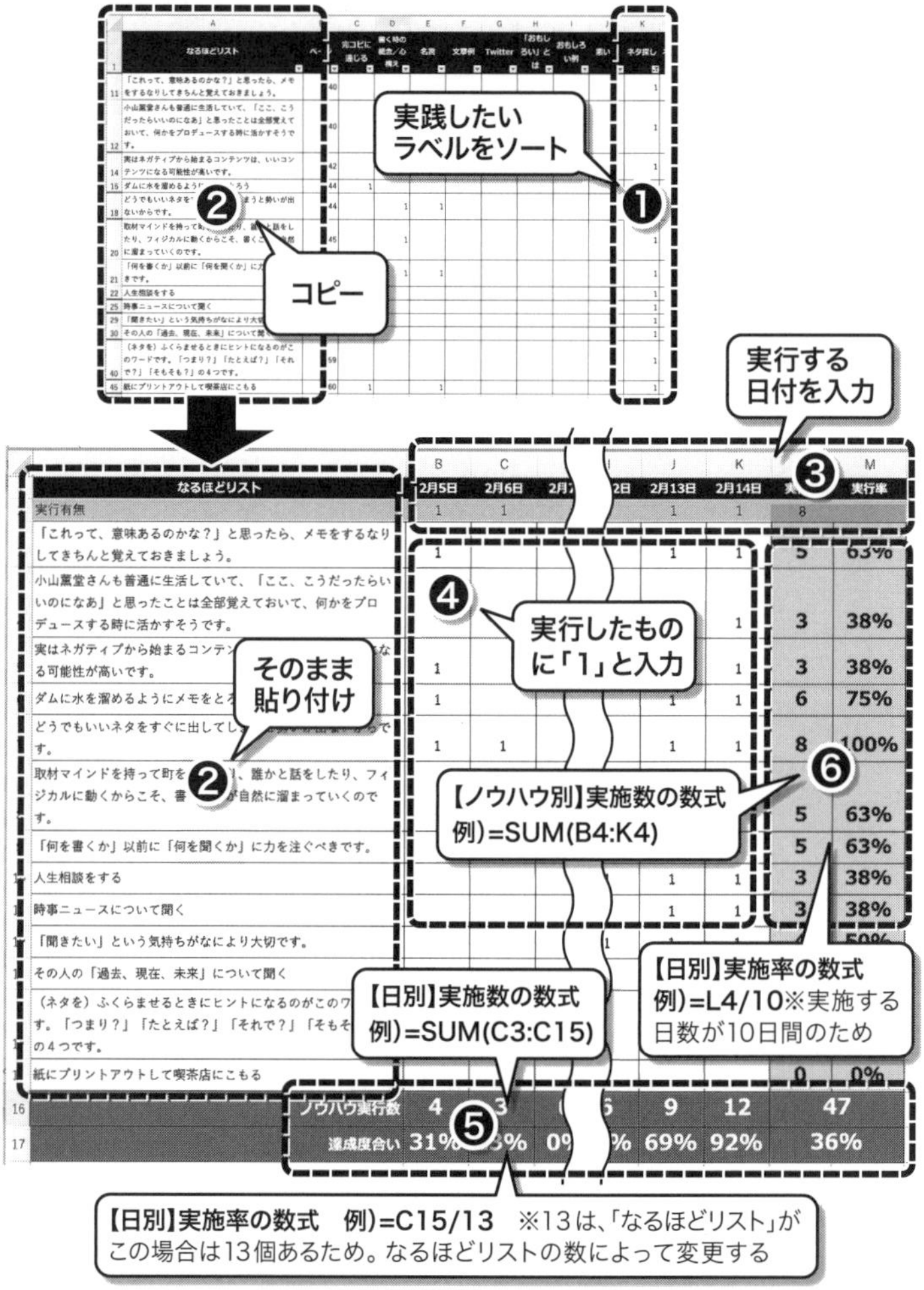
実践したい
ラベルをソート
コピー
実行する
日付を入力
なるほどリスト
実行有無
そのまま
貼り付け
実行したもの
に「1」と入力
【ノウハウ別】実施数の数式
例)=SUM(B4:K4)
【日別】実施率の数式
例)=L4/10※実施する
日数が10日間のため
【日別】実施数の数式
例)=SUM(C3:C15)
ノウハウ実行数
達成度合い
【日別】実施率の数式　例)=C15/13　※13は、「なるほどリスト」が
この場合は13個あるため。なるほどリストの数によって変更する

※むずかしいな…と思ったら、巻末のQRコードからフォーマットをダウンロードしましょう!

り返し数値化法」という特訓プログラムです。

漫画『スラムダンク』の主人公の桜木《さくらぎ》花道《はなみち》は2万本のシュートを練習するときにビデオで自らのシュートフォームを確認しました。客観的に自分の特訓を振り返る仕組みを導入したのです。

「繰り返し数値化法」もまさにそんなイメージ。自身の特訓を客観視するために「完コピ読書術」ではエクセルを使用して仕組み化していきます。

「読書に数値化なんて意味あるの?」と思うなかれ。「完コピ読書術」では避けられないポイントになるので、ぜひマスターしてほしいです（皆さんが思うほど難しくないです）。

【繰り返し数値化法の手順】（227ページ図21）

❶ 該当する「ラベル」をソートする
❷ ソートされた「なるほどリスト」をコピーして、別シートに貼り付ける
❸ 実行する予定の日付を横軸に書き込む

（何日間実施するかは自由だが、いったん10日間と設定すると良い）
❹実行した項目に「1」を記入する
❺日別で実施した合計ノウハウ数と、実施率の数式を入れる
❻ノウハウ別に10日間の実施数と、実施率の数式を入れる

※巻末のQRコードから、この見本とフォーマットをダウンロードできます。

文章で説明すると、大変そうに思えるかもしれませんが、やってみたら5分程度で完成します。特に効果を実感できるのは❺と❻の作業です。

次ページ図22をご覧ください。本書執筆にあたり「師匠本」にした『書くのがしんどい』（竹村俊助著、PHP研究所）から「なるほどリスト」を作成し、「ネタ探し」のラベルをピックアップした管理表です。

図22を見ると、その人の「過去、現在、未来」について聞くの実施率が13％と

[図 22]『書くのがしんどい』繰り返し数値化法の管理表

	A	B	C	…	J	K	L	M
1	なるほどリスト	2月5日	2月6日	…日	2月13日	2月14日	実行数	実行率
2	実行有無	1	1		1	1	8	
3	「これって、意味あるのかな？」と思ったら、メモをするなりしてきちんと覚えておきましょう。	1			1	1	5	63%
4	小山薫堂さんも普通に生活していて、「ここ、こうだったらいいのになあ」と思ったことは全部覚えておいて、何かをプロデュースする時に活かすそうです。				1	1	3	38%
5	実はネガティブから始まるコンテンツは、いいコンテンツにな[illegible]	1				1	3	38%
12	「聞きたい」という気持ちがなにより大切です。				1	1	4	50%
13	その人の「過去、現在、未来」について聞く				Ⓐ	1	1	13%
14	[illegible]す。「つまり？」「たとえば？」「それで？」「そもそも？」の４つです。					1	1	13%
15	紙にプリントアウトして喫茶店にこもる						0	0%
16	ノウハウ実行数	4	3		9	12	47	
17	達成度合い	31%	23%	%	69%	92%	36% Ⓑ	

非常に低く（Ⓐ）、全然やれていないことがよくわかります。また日別の実施率を見ても13個あるノウハウのうち平均で36％しか実施できておらず（Ⓑ）、習慣化できているとは言えない状態です。

つまり**「師匠」の脳を移植している状態には至っていない**のです。

このように、自分では何となく実践したつもりという状態が数値で可視化されるため、

「『師匠本』の通りやったけど、う

まくいかなかったなぁ」

という、じつはとても感覚的な感想を持ったり、その結果、完コピを諦めてしまったりするような失敗を防ぐことができるのです。

実行頻度は決めた通りできているのか?
ノウハウ実践の網羅《もうら》性は保てているのか?

これらを客観視することで、自らの取り組みにはまだまだ課題があることを知る。自らの不足をひと目で理解できる効果は絶大です。

また、「繰り返し数値化法」を成功させる秘訣は、**期限を決める**こと。

たくさんのＴｏＤｏを永遠にこなそうとすると、必ず挫折するからです。たとえば、

「まずは10日間！　1日1回かならず実践」

などと、しっかり期間と頻度を決めて取り組みましょう。

一定期間この管理表をかたわらに「奥義」の習得に根気よく向き合いながら、常に状態を振り返ることができたあなたは、確実に、息を吐くように、「必殺技」を繰り出せるようになるはずです。

＊

以上7つの「特訓プログラム」すべてを実践する必要はありません。

自分に合いそうなプログラムを見つけたら、まずやってみる。それが「なりたい自分」になるための大きな一歩になります。

実行ステップ 4

「読書の実践」を工夫して楽しいものにしよう。

コラム エクセルVS.ノート運用の徹底比較

「私、エクセルとか苦手なので、ノートじゃダメですか？」

そんな方もいると思うので、ノートのやり方についても解説します。

ノートの場合、エクセルと違うところがいくつかあります。

その最大の難点が「なるほどの収穫作業」と「ラベル作成」を一気にやらなくてはいけないということ。瞬時に考えることが増えるため、**難易度は上がります。**

ラベルごとにページを分けて、該当するところを書き出していく必要があるのです。

また、ラベルは一発で決まる場合もありますが、複数の「なるほど」が集まってくると、

[図 23]　ノート版「なるほどリスト」の見本

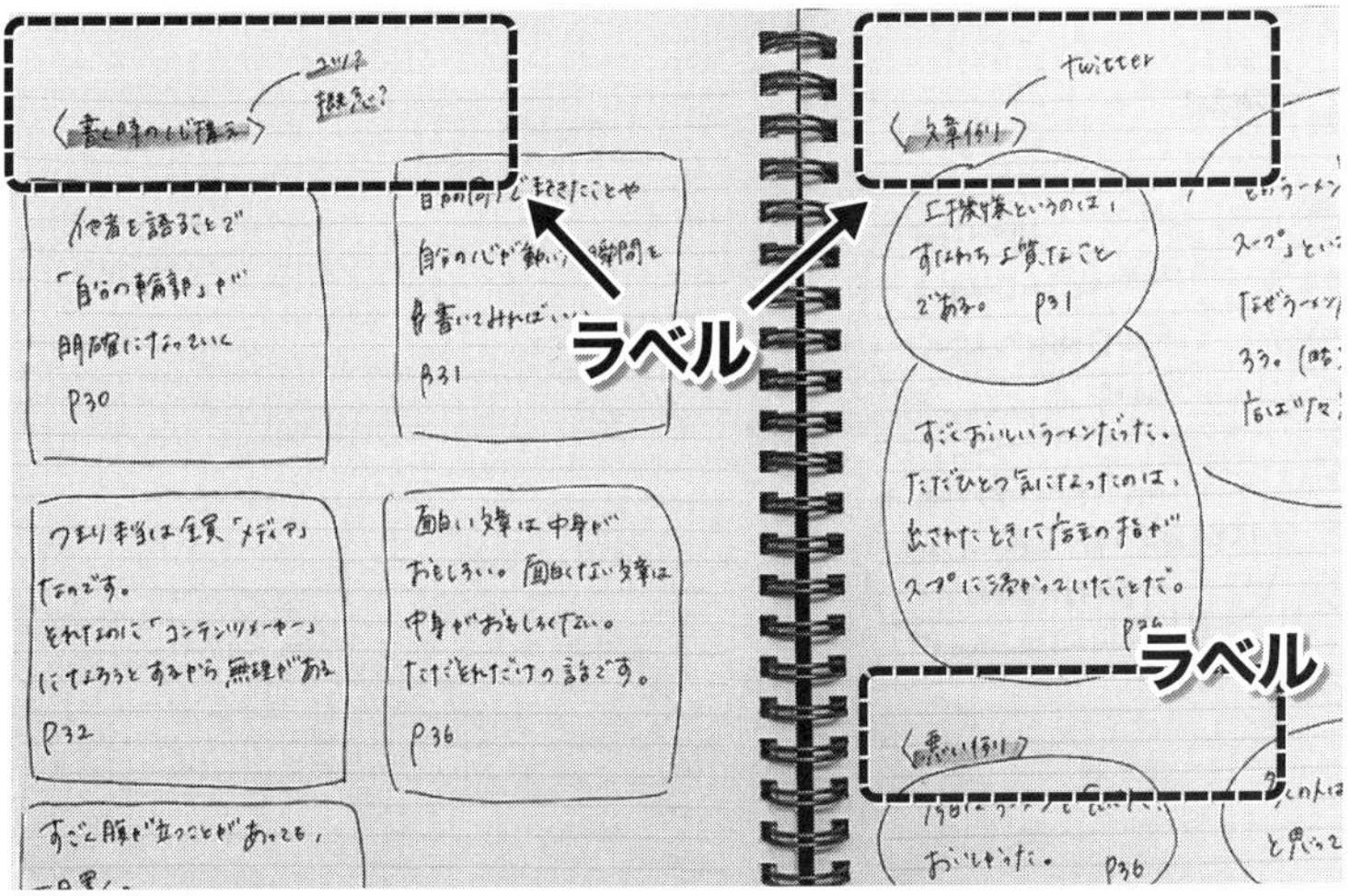

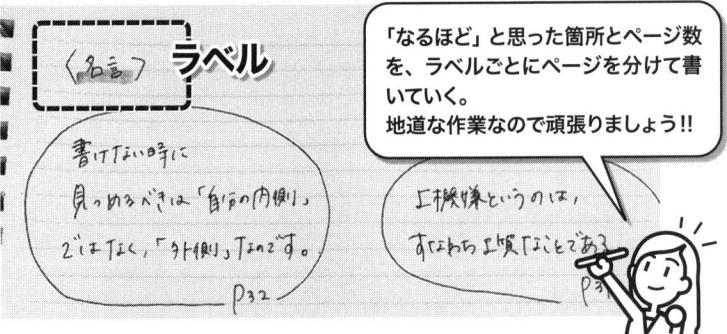

(『書くのがしんどい』の「なるほどリスト」から一部抜粋)

「やっぱりこの言葉のほうがいいかも」

と文言を変更したくなることもあります。

エクセル（スプレッドシート）だと、すぐに修正できるので問題ないのですが、ノートの場合は横に追記してラベルだとわかるよう、マーカーを引いたり、修正ペンを使って「ラベル」をぬり変えたりすれば、カバーできるでしょう（前ページ図23参照）。

ただし、カバーできないこともたくさんあります。

それは、まず労力です。私の調査では、エクセル（スプレッドシート）と比較したときに、**ノートは20倍の時間がかかりました。**

何と言っても、複数の「ラベル」に該当する「なるほど」を何度も書き出さなくてはいけない（図24参照）。これがとにかく大変です。面倒くさがり屋の私は、この労力をさぼりたい衝動にかられ、「なるほど」の基準を勝手に上げて、

「これは〝なるほど〟でもないか」

と書く量を減らす言い訳をしはじめたりしました。

[図 24]　ノート版「なるほどリスト」の課題

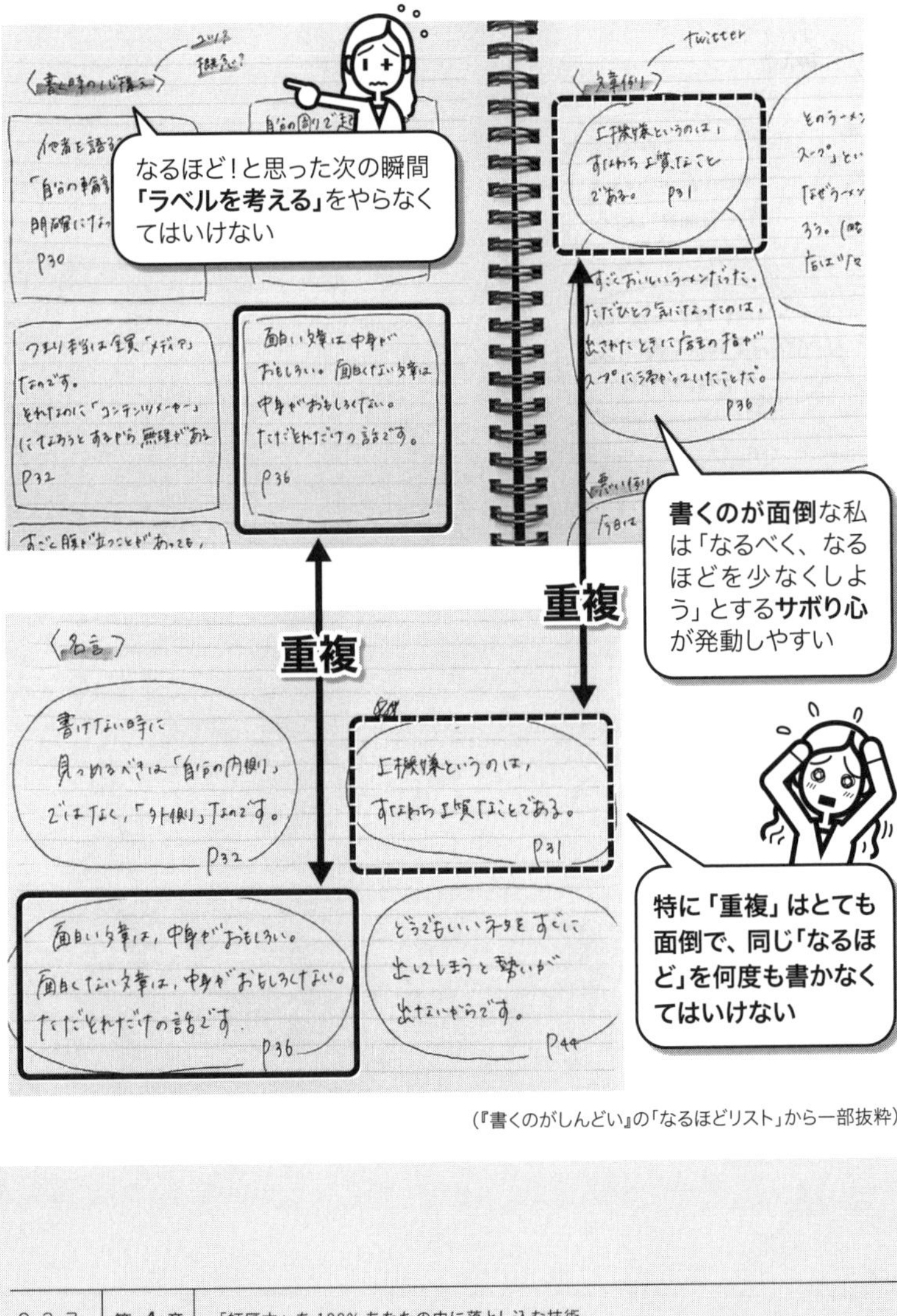

(『書くのがしんどい』の「なるほどリスト」から一部抜粋)

一方、エクセルでは「1」と入力するだけ。「なるほど」の文章をいくつも入力することなく「ラベル」を追加できますが、ノートだと作業が膨大になるのです。これはノートで運用する以上、避けて通れません。

本書をきっかけにして、エクセルに慣れよう

またエクセルには「ソート機能」という、とても便利なものがあります。「ラベル」ごとにフラグを立てた「なるほど」だけを抽出することができる機能です。

たとえば「名言」という「ラベル」に該当する「なるほど」だけを抽出すれば一瞬で、本に書かれた心に響く言葉ばかりが並ぶ名言集ができあがります。

一方、ノートでこれをやろうと思うと、普通のノートでは無理です。**なので「完コピ読書術」ノートバージョンなら、ルーズリーフを使いましょう。**

エクセルのように一瞬とはいきませんが、手動で順番が並べ替えられるため、似た状態は作れます（図25参照）。

[図 25] エクセル VS. ノート運用

なるほどリスト	ページ	完コピに通じる	書く時の概念／心構え	名言	文章例
上機嫌というのは、すなわち上質なことである	31			1	1
書けない時に見つめるべきは「自分の内側」ではなく「外側」なのです。	32			1	
おもしろい文章は、中身がおもしろい。おもしろくない文章は、中身がおもしろくない。ただそれだけの話です。	36			1	
どうでもいいネタをすぐに出してしまうと勢いが出ないからです	44			1	
イメージとしては「漆塗り」のように書くことです。				1	
紙にプリントアウトして喫茶店にこもる				1	
「考える時間」と「書く時間」を分けることです				1	
わかりやすい文は、ちょうどいい「濃度」である				1	
エスプレッソのような文章を書いてはいけない	82			1	
「自分は食べない」料理を出すシェフになるな	125			1	
たった一人に届ける「虫めがね理論」	130			1	
昆虫は不倫をするのか？	136			1	
いい文章は、読者への「ラブレター」	145			1	

きれいなので、見やすく、**何度も眺められる！**

ソート機能を使えば私が感じた「名言」のMyノウハウ集が一瞬で出来上がる

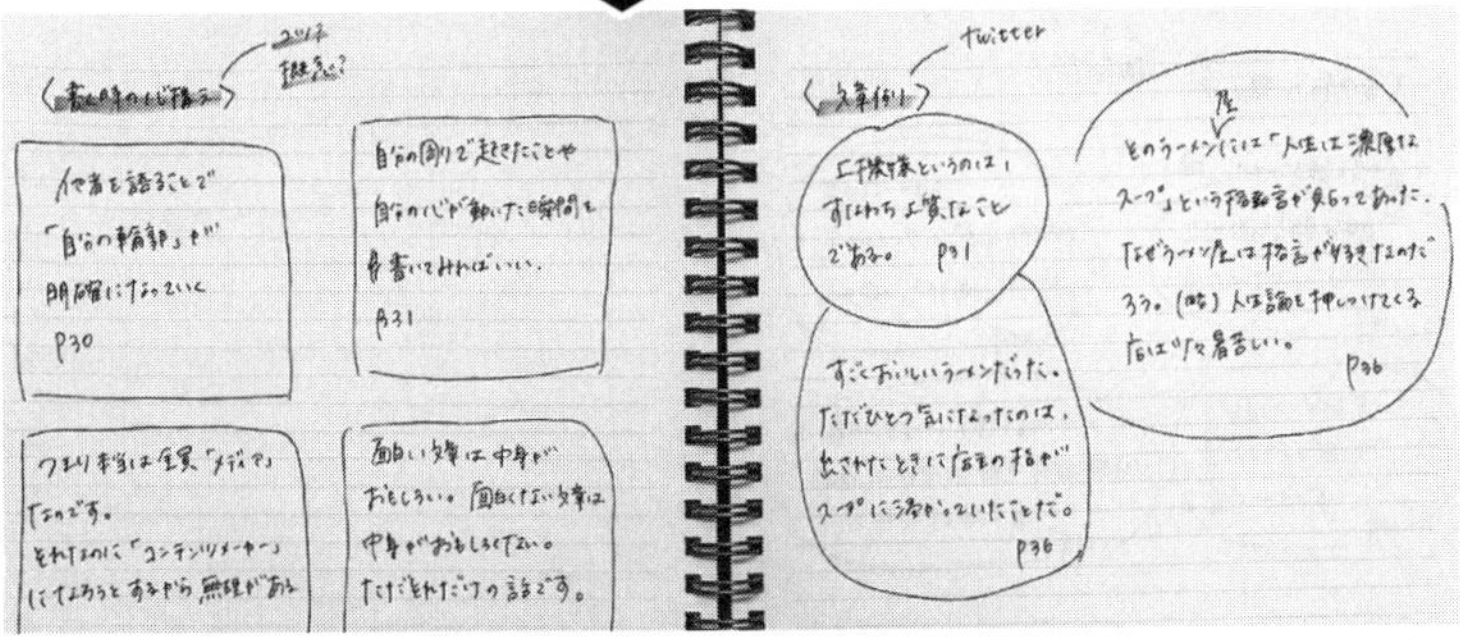

書く場所がすぐいっぱいになるので、ページをどんどん追加していくイメージ。
<u>ルーズリーフを使えば</u>、あとから順番は手動で並べ替えられる

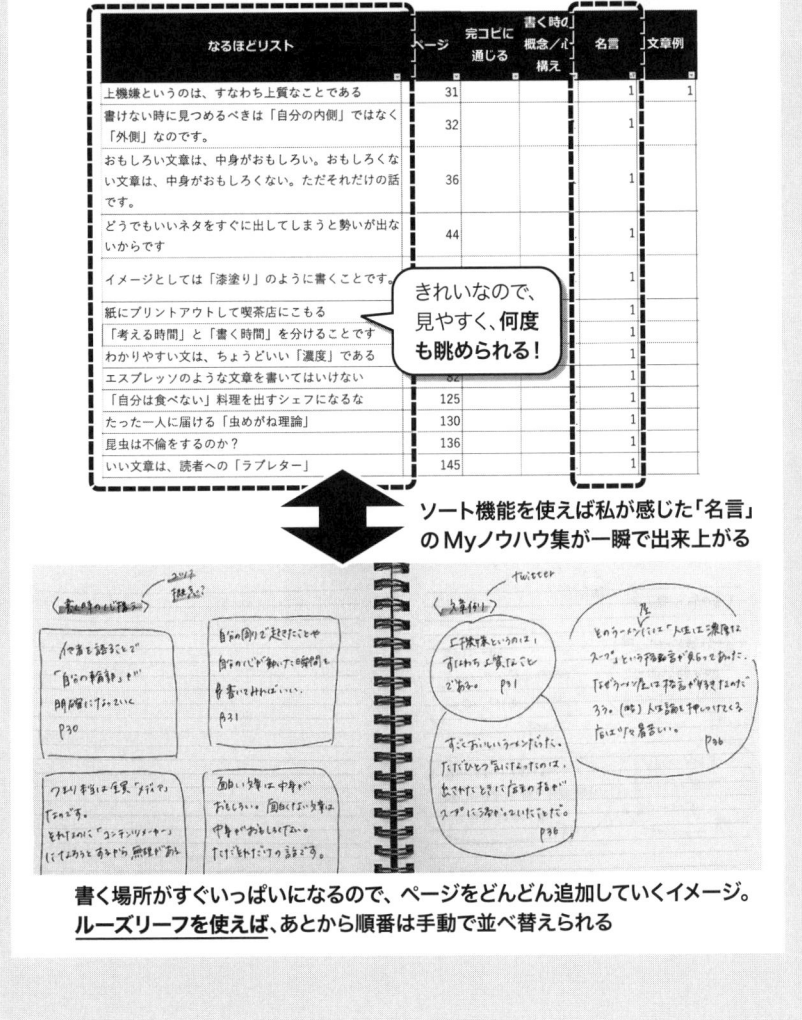

ですが、圧倒的に「完コピ読書術」に向いているのはエクセル（スプレッドシート）です。携帯のフリック入力もスマホが発売された当初はほとんどの人ができませんでした。しかし、今はたくさんの人が当たり前にできますよね？

はじめは面倒と思うかもしれませんが、**慣れてしまえば圧倒的にラクなのはエクセル（スプレッドシート）です。**多くのビジネスパーソンは普通にパソコンを使う時代です。

「今までエクセル（スプレッドシート）なんか使ったことがない！」

という人でも、ぜひ「完コピ読書術」を機にエクセル（スプレッドシート）に慣れていただくことをおすすめします。

どこにいても、アクセス可能

ちなみに、エクセル以外でも**スプレッドシートはめちゃくちゃ使えるツール**

です。

エクセルは基本的にマイクロソフト社の提供する有料ソフトを入れていないと使えないツールですが、スプレッドシートはグーグルアカウントを持っていれば、誰でも無料で使用することができて、かつエクセルの機能は、ほぼすべて網羅されています。

クラウドと言ってウェブ上にファイルがあるため、スマホやほかのパソコンなど、あらゆるデバイスからアクセスが可能です。

また、すべて最新の状態でファイルがアップデートされているので、いちいち保存する必要がありません。最近ではエクセルではなく、スプレッドシートを採用している企業も増えています。

特に、読書で電子書籍を利用している人や、自宅ではパソコンを使わずスマホでアクセスすることが多い人にはスプレッドシートが向いています。

「なるほど収穫作業」をより便利に進めることができるでしょう。

第5章

「完コピ」の振り返りを徹底して「なりたい自分」になる

❖うまくいかないときの対処法

「あれ？　できてるかも？」を実感して、喜びなさい

ＰＤＣＡという言葉を聞いたことはあるでしょうか？

Ｐｌａｎ（プラン＝計画する）、Ｄｏ（ドゥ＝実行する）、Ｃｈｅｃｋ（チェック＝確認する）、Ａｃｔｉｏｎ（アクション＝実践する）。これらの頭文字を取ってＰＤＣＡと呼ぶもので、ビジネスシーンではこのサイクルを回して、常に成長していくことが求められます。

第４章では主にこのＰｌａｎと、Ｄｏのやり方について４ステップで解説し、皆さんに実行していただきました。

この時点で、すでに「なりたい自分」になれた体験をしている人も多いことでしょう。

- **マネジメントが上手にできて、チームで成果達成を味わった人**
- **続ける力がついて、たとえばダイエットや筋トレなどで成果が出た人**
- **営業力がつき、目標達成が頻発している人**
- **マーケティングのやり方がわかり、成果が出ている人**

特に数値で測れることは、「なりたい自分」になれた成長を実感しやすいはずです。

一方、成果を感じにくいこともあります。

- 「話し方」に課題があった人
- 部下との面談でいつも失敗していて、モチベーションを引き出せていなかった人
- Z世代とのコミュニケーションに悩んでいた人

こうした数値化できない課題を抱えていると、自分では改善できたのか、「なりたい自分」のレベルに達しているのか、わかりにくいケースもあります。

でも、心配しないでください。「完コピ読書術」は、その工程では、さんざん厳しくストイックにやってきましたが、**「結果には甘く」「成長には敏感であれ」**を意識してほしいのです。

「結果もストイックに追及しなくていいの？」と思う方は、幼い子どもを育てる親をイメージしてみてください。

子育て中の親というのは、わが子の行動の変化にとっても敏感です。

たとえば、つかまり立ちがやっとだった赤ちゃんが、1歩でも踏み出せたなら、ものすごく褒めるはずです。

そんなイメージで自分のなかにある母性を引き出し、自らの変化にしっかり目を配り、観察してみましょう。

歩けなかった自分が歩みを始めたこと、この前まで2歩しか歩けなかったのに、3歩歩けるようになったことを、しっかり自分自身で褒めてあげてほしいのです。

そこで欠かせないのが、**これまた「金メダル妄想」**です。

「こんなに短期間でできるようになるなんて、私って天才かしら？　だとすると、もっとこれを積み重ねていったら、オリンピック選手になっちゃうんじゃない？」

↓

「何度もくじけそうになりながら、やっとつかんだ『奥義』。これからは習得が加速しそう！　だとすると、あんなことも、こんなことも、できるようになる日も近いはず！」

↓

「こんなにスパルタな『完コピ読書術』を最後までやり遂げられた私って、

スゴイ！　この手法を手に入れられたら、今後、どんな『なりたい自分』にだってなれちゃうよね？」

こんなふうに自分を褒めながら、その先の金メダルに思いをはせてほしいのです。

また、自分の称賛だけでは物足りないあなた。

「完コピ読書術」に取り組んでいることを周りの人たちに積極的に言いまわりましょう。

「今、この本を完コピしようと思って、やり込んでるんだよね」
「絶対、来年までに○○達成してみせるから！」

そんな宣言をしておくと、周りの人もあなたの変化を敏感に察知してくれるよう

になります。自分ではまだ成長を実感していないときに、

「なんか最近、変わってきたよね」

「めちゃくちゃ成長してるけど、あの本に取り組んでるせいなの？」

なんて言ってもらえるかもしれませんよ。

周りから変化を指摘されたらしめたもの。「自分は着実に成長している。まだまだ成長できる」と、さらなる「金メダル妄想」をふくらませちゃってください。

そこでやめたら試合終了！「完コピ読書術」を続ける技術

「なかなか奥義の習得が進まない」

「結果が出ない」

得たい結果をイメージしたときに、どう自分を観察しても、褒めようとしても、成長の実感を持てない人もいるでしょう。

そんなあなたは今が正念場。踏ん張りどころです。1冊まるごとを完コピする読書術をせっかく今まで進めてきたのに、ここで投げ出しては元も子もありません。

「あきらめたらそこで試合終了ですよ…？」（漫画『スラムダンク』安西先生）

「私たちの最大の弱点は諦めることにある。成功するのに最も確実な方法は、常にもう1回だけ試してみること」（トーマス・エジソン）

「進まざる者は必ず退き、退かざる者は必ず進む」（福沢諭吉）

このように諦めないことが大事だということを説いた偉人の名言には枚挙にいとまがありません。

そう、「完コピ読書術」も、ここで諦めたら試合終了なんですよ。

もしも諦めてしまったら、きっとまた今までのようにたくさんの本を流浪《るろう》するように多読し、都合の良いところだけを実践する読書に逆戻り。「なりたい自分」への遠回りルートを行くことになるのです（かつての私も、すぐに諦めてしまう人間だったから、その気持ちは痛いほどよくわかります。でもダメです！）。

結果が出なければ、「仕組み」に頼る

「完コピ読書術」は、必ず、確実に「なりたい自分」になれる方法論ではありますが、スムーズに進まないときは誰にだって訪れます。でも、とにかく続けましょう。

しかし私も、今までのやり方をダラダラ続けましょうと言っているのではありません。

本章の冒頭でPDCAの話をしました。

Plan、Doに比べて、Check（チェック＝確認する）、Action（アクション＝実践する）をおろそかにする人はほんとうに多いです。

実行したことを検証し、改善して初めてPDCAがきれいに回ります。

では、CheckとActionでは何をするか。

「うまくいかない原因はこれだ」と仮説を立てて、対策を打つのです。

成果が出ないものをやみくもに続けなさい、と言われても気力がわかないものです。一方、新しい考えやアイディアが次々に浮かんでくるときは、ワクワクして試したくなる。

ですから、ここで「完コピ読書術」につまずく人が多い原因と対策をいくつか提示します。また、そのための**「仕組みづくり」**についても解説します。

自分はどのケースかな？　と考え、セレクトして行動しても良いですし、片っ端から試しても良い。どれがハマるかな？　とゲーム感覚で楽しみながら行動する。とにかく歩みを止めないことです。

ブックデザイナーおよび習慣家の井上新八さんの著書『続ける思考』（ディスカヴァー・トゥエンティワン）にも、

必要なのは、「やる気」より「仕組み」

「根気」より「楽しさ」（表紙帯）

と書かれています。必ずしも成功の秘訣が〝やる気〟〝根気〟ではないのです。

大切なのは、試行錯誤しながら「なりたい自分」に到達するまで続けること。ここまで来て、諦めてしまうのはもったいない。

うまくいかないときほど「やる気」ではなく、「仕組み」に頼るべきなのです。

行き詰まったら、「量」と「期間」を見直しなさい

行き詰まったときに、最初に疑ってほしいのが「量」と「期間」。うまくいかないと嘆く人は、その見積もりが合っていないケースがとても多いのです。

皆さんに質問です。

そもそも、**特訓プログラムを、どのくらいの「期間」と「量」で達成すると設定していましたか？**

ノウハウの難易度を考えずに、たとえば10日で変われるはず！　と算段していたとしたら、それは少々、楽観的ではないでしょうか。

ここで大事な指摘をサラリとさせていただいているので、詳しく説明したいのですが、「ノウハウの難易度」と「自身の現在地」「得たい効果」の3つを見たときに、難易度を甘く見ているのかもしれないのです。

たとえば、第3章で紹介した、**私が『もしドラ』をチームで完コピしたときは6か月かかりました。**

『もしドラ』のケースでは、135ページ以降に詳しく紹介した「メンバーの強みをかけ合わせてチームで勝つ」という必殺技に対して、「奥義」は「個人の長所を特定する」「長所を活かした役割を与える」「それをチームでかけ合わせる」でした。

そのほかにも、「メンバーそれぞれの成長」「組織のイノベーション」という合計3つの必殺技に向かって、それぞれの「奥義」があったのです。

これらをすべて完コピするには、半年でも早いほうだったかもしれないくらい「奥義」習得の難易度は高いものでした。

また『もしドラ』の完コピはチームで行なっていたため、より「期間」を必要とするものだったと思います。自分1人が変われば完コピ終了！　というケースのほうが、自分の意思で、どうとでもなるからです。

人数が増えれば増えるほど、完コピする頻度も、完成するタイミングも異なるため、時間はどうしてもかかってしまうのです。

完コピしたい「奥義」によっても、実行する人によっても、人数によっても、その習得にさく時間の捻出《ねんしゅつ》具合によっても、必要な「期間」や「量」はさまざま。成長を実感できていないあなたも、もしかしたらその認識が不足しているのかもしれません。

当たり前ですが、**自分を変えるより、他人を変えるほうが時間はかかります。**自分の基準で目標の難易度を決めないように注意しましょう。

やっぱり「数値化」が大事

また、「完コピができた！」という評価においても気をつけなくてはいけないポイントがあります。

それは**「しっかり数値で評価していますか？」**ということ。

実行人数が多かったり、「期間」が長くなったりすると、特訓の「量」も必然的に増えていきます。そのため、定点観測を感覚で行なうのは困難です。

そのときに226ページで紹介した「繰り返し数値化法」は、とても有効です。

進捗の確認を怠ると、そもそも「成長しているな」という実感は薄くなりますし、「何ができていないのか」の分析もあいまいになります。

少し行き詰まったな、と感じたら精神論ではなく、数値管理を必ず導入するようにしましょう。きっと、突破口が見つかるはずです。

行き詰まったら、ひとつ前に「仕組み」を導入しなさい

完コピがうまく進まないときに多く見られるケースが、もうひとつあります。

それが**「奥義」の習得を阻《はば》んでいる行動パターンを矯正する対策をしていない**場合です。

たとえば「奥義」が「朝1時間、早起きをして筋トレをする」だったとします（わかりやすいように単純な例にしています）。

本人はその奥義を実践しようと思ってはいるのですが、変わらず毎晩深酒をしてお風呂にも入らずに寝るという習慣を続けていたら、どうでしょうか。

あるいは、目覚ましの音が苦手で、音量をすごく小さくしている。その結果、寝過ごすことが多発しているとしたら……。

そんな人が、そのままの状態で、朝1時間早起きをしよう、と心の中だけで決意していても、多くの人が「それじゃあ失敗するよね」と感じることでしょう。

どちらの状態も、「朝1時間早く起きる」のひとつ前の習慣をただすことなく寝坊し続けて、「筋トレ」までたどり着けない。これでは未実施が続くだけ。「奥義」習得は進みませんよね。

これは明らかに、朝1時間早く起きるための前段階に**「仕組み」を導入していないことが失敗の原因**です。

『続ける思考』のなかでも、

「何かをはじめてみようかな？」と思ったときに、まっ先に考えること。

「どうやったら続くかな～？」

どうやったら無理なく、簡単に続けられるか、まずそれを考える。

生活の中に「自然にやること」として落とし込む。そんなにめんどうなことはない。

だって簡単にするために考えるんだから。

（中略）この「仕組み」を考えることがじつはすごく楽しい（60ページ）。

と書かれています。「仕組み」と聞くと、大げさなことを想像するかもしれませんが、生活の中で目に付く場所に仕掛けをする、自分が失敗を繰り返す部分に何か新しいモノを導入する等、小さな改善です。

先ほどの例を使って、「仕組み」の導入を考えてみましょう。

ワーク

「奥義＝朝1時間、早起きをして筋トレをする」を実践するために、どんな「仕組み」を導入すればいいでしょうか？

回答例

【深酒が原因のケース】

「夜22時以降はお酒を飲まない」「その後は必ずお風呂に入る」と決めること。そしてそれを家族に宣言して、監視してもらう。あるいはリビングからよく見えるところに「22時以降、飲酒禁止」などの張り紙をする。これが「仕組み」です。

【目覚まし時計が原因のケース】

音がダメなら、「振動で起こしてくれる枕を購入する」というのも「仕組み」のひとつでしょう。あるいは「カーテンを開けて寝る」ことで自然光が降り注ぐ状態をつくり、目覚めを促進するのも「仕組み」づくりと言えます。

このように「仕組み」を導入することで、まずは「奥義」の実践を阻んでいる要因をつぶしていくのです。

自分で「自分」を攻略するイメージです。

自分のクセや思考&行動パターンは自らがよく知っているはずです。

それなら、だらしない自分、不器用な自分、自らの悪しき生活習慣を矯正する「仕組み」をあれやこれや試してほしいのです。

自分にピッタリ合う「仕組み」が見つかるまで試行錯誤しましょう。そして「奥義」の実践頻度をしっかり高めていきましょう。

私の場合、**3日連続で実践をサボっていたら、こういった「仕組み」の導入を検討する**ようにしていました。

それこそ、かつて本も最後まで読めたことがない読書下手、超がつく面倒くさがり屋で、三日坊主の常習犯だった私です。対策は、何重にもしないと続かない人間代表だったので、私にとってはこの「Check」は欠かせないものでした。

成果が出ないのは
あなたのせいではない。
自分を責めず
「仕組み」を疑おう。

行き詰まったら、一番簡単な「奥義」の達成度を確認しなさい

「せっかく『師匠本』に取り組むんだから、絶対この辺りまで到達したい！」

「圧倒的スピードで業績を上げたい！」

怠惰《たいだ》とは真逆で、高いモチベーションをもって「師匠本」に取り組めている人たちがいます。そのやる気はほんとうに素晴らしい。きっと「金メダル妄想」も、誰よりもしっかり描けている人たちです。そんな人たちには、今すぐ会いに行って、

「すごいですね！　一緒に頑張りましょう！」

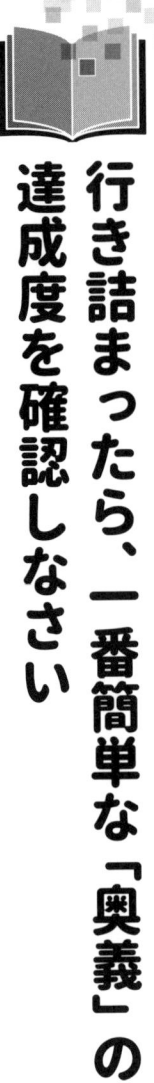

「絶対、達成できますよ」

と手を取り、握手したい。私はそんな人たちを全力で応援しています。

でも、こうしたやる気のある人に起こりがちな「行き詰まり」が存在します。それが、基礎的な「奥義」の十分な習得がないまま、次の「奥義」に取り組み始めてしまっていること。

結果を急ぐあまり、歩んでいる傾斜角度がすごい。大股でも間に合わない階段を上りすぎてしまうのです。

たとえば、「奥義」特定の事例でも紹介した『人は話し方が9割』で最も基礎的な「奥義」は、この部分です。

普通の人が簡単に話せるようになるコツ（32〜36ページ）※途中要約

【コツ1】否定禁止

会議では「とにかく正解を出さなければいけない」という思い込みを捨て、遠慮

なく色んな意見を出してもらう

これらができてこそ、ほかの話し方のコツも活きてくる重要な「勘所」と言えるところです。たとえるなら運動における、体幹トレーニングとでも言いましょうか。

腹筋などに代表される体の軸を鍛えるトレーニングは、あらゆる運動をムリなく行なうための根幹の筋肉を鍛えるものであり、『人は話し方が9割』のなかで、この体幹トレーニングに当たるのが、「否定禁止」なのです。

こうした**最も基礎的な「奥義」が、息を吐くように当たり前にできる状態になることで、他のノウハウの習得も圧倒的に早まる効果がある。**

だからこそ、この「否定禁止」という奥義は、いち早く、徹底的にマスターしたいところです。

けれど基礎ができていないのに、無自覚に次のステップへと歩みを進め、成果が出ないという人は意外と多いのです。

『人は話し方が9割』において、「否定禁止」の習得がまだ十分ではないのにほかの「奥義」に取り組んでも成果はついてきません。

これはどんな「師匠本」でも一緒。基礎となる「奥義」もさまざまですし、本によって難易度や分野は違いますが、原理原則は同じなのです。

せっかくの努力や、やる気が空回りしてしまうのはもったいない！

だからこそ、行き詰まったと感じたら、一番簡単な「奥義」の達成度をぜひチェックしてほしいと思います。

しっかり習得したうえで、次の必殺技につながる「奥義」に取り組めば、必ず結果はついてくるんですから。

それでも行き詰まったら、もう一度「滝行」を実践しなさい

それでも、うまくいかない。そんなあなたはぜひ、**もう一度、滝に打たれに行きましょう。**そう、「滝行」をもう一度行なうのです。

多くの物語でも、最終決戦の前に師匠にもう一度、教えを請《こ》いに行く主人公の場面はよく描かれますよね？

「こんなに頑張ったのに、勝てません。自分に足りないものは何ですか？」

そんなふうに師匠に問いかけてみましょう。

きっと、トライを重ねてきた今だからこそ、見える景色が、そこにあるはずです。「今の自分」だから響く、師匠の言葉がきっと見つかります。

では、そんな師匠の声を聞くために、もう一度「なるほどリスト」を振り返りましょう。

「滝行」に向く「なるほどリスト」

●ノウハウ

・逆を行なうデメリット
・似て非なるノウハウ

●経験談

・著者の失敗体験

●思想、行動
・変えなくてはいけない思想、行動
・自分が苦手と感じるもの
・自分が何度も失敗しているもの

このなかでまずやるべきは、**最初の「滝行」を行なったところを熟読すること**です。

今の自分は当たり前に、息を吐くように、その行動や思考を矯正できていますか？
あのとき、矯正したはずの思考や行動のクセが戻ってきてはいませんか？
矯正の度合いは十分ですか？

同じところの「滝行」であっても、時間を置いたことで、改めて意識できていなかった自分に気づく人も多いでしょう。

そんなときは、**必ずここで「仕組み」を導入してください。**

あなたの「思考のクセ」「行動のクセ」には戻りやすい傾向があります。この時点で、何も対策しないと、また時間の経過とともにクセが逆戻りするリスクが高いのです。

リビングに張り紙をする。手帳の裏表紙に書いておく。文字画像を作って、スマホの待ち受けにする。とにかく毎日、目に触れるところに矯正するべきことを記して、常に意識できる「仕組み」を作ることが重要です。

「ちょっとしたこと」に気をつけて実践する

「いやいや、前回『滝行』した部分は当然できていました！」という人。

いいですね。「滝行」が功を奏し、しっかり次の段階まで進んでいます。

[図 26] 「滝行」を忘れない対策

○○
しない！
生活の中で目に付く場所に仕組みを導入！
自分で、自分を攻略しよう♪
○○
しない！
○○
しない！

それなら今度は、**あまり熱心に行なっていないところの「滝行」にもトライしてみましょう。**

「奥義」の実践を阻害する、あなたの新たな思考や行動のクセはひそんでいないでしょうか？

達成度を阻んでいることはないでしょうか？

特に前回の「滝行」では気にならなかった**「ちょっとしたこと」「些細《ささい》なこと」こそ、入念に確認してください。**

なぜなら恐らく、前回の「滝行」で、大物は矯正できているはずだからです。この段階になると、ほんとうにちょっとした差が、実行や達成を阻んでいることが多いのです。

たとえば、私はゴルフのパフォーマンスを維持するために毎日ストレッチをしています。

毎日、入念にやっていたので、それなりに柔軟性は保ててきたときのことでした。積み重ねているわりには肩甲骨《けんこうこつ》の動きが改善できていない、という課題にぶつかったのです。

そして、もう一度「なるほどリスト」を見返すと、「**ストレッチは息を吐きながら、ゆっくりした動きでやるほうが良い**」と、書かれていました。

たしかに私のストレッチは、スピードが速めでした。せっかちな私は、回数と実行頻度ばかりに目を奪われていたのです。

まさに私らしい「思考のクセ」でした。それに気がつき、矯正したことで、身体は絶好調となっています。

これは、とても単純な例と思われるかもしれません。でもこの段階の「滝行」のやり直しで見つかるのは、これくらい些細であることが多いのです。

「毎晩寝る前に1日を振り返る」と書いてあるのに、夕食時に振り返っていませんか？

「10年先のプランを立てる」と書いてあるのに、5年分しかプランニングできていないのでは？

こうした見直しが次の段階へステップアップするカギだったりする。だから、小さなことをバカにせずに、しっかり自分と向き合ってほしいのです。

ここまできたら、あなたのブレイクスルーは、もう目の前ですよ。

それでも行き詰まったら「守破離」の「破」を実行しなさい

「守破離《しゅはり》」という言葉を聞いたことはあるでしょうか？

戦国時代に、織田信長と豊臣秀吉の両方に仕えた茶人として有名な「千利休」が提唱した考え方で、日本の茶道や武道などにおける師弟関係の修業の過程を示したものです。新しくスキルを身につけるときに多く引用される考え方でもあります。

「守破離」の「守」は、人が作った型に徹底的に従うことを指します。そして、「守」を続ける過程で「もっとこうできるだろう」という研究を深め、到達するのが「破」。

さらに、その上の状態として、あらゆる型から離れて独自の境地に立つのが「離」です。

この「守破離」は「守」「破」「離」の順番が大切で、特に「守」をしっかり取り組む意義と効能が強調されています。

「完コピ読書術」のあり方は、まさに「守破離」の「守」を、読書で徹底的にやり抜く理論です。

だからこそ、ここではあえて「破」のタイミングと2つのタイプにも触れておきたいと思います。

実際、「奥義」の習得は進んだけれど、置かれた状況に変化が生じることはよくあります。

たとえば部署が異動となり、「奥義」を活かした必殺技を繰り出す場面が減った。あるいは、外部環境の変化によって、以前の環境では有効だった必殺技が通用しなくなった、など。

[図 27]　「守破離」と完コピ読書術

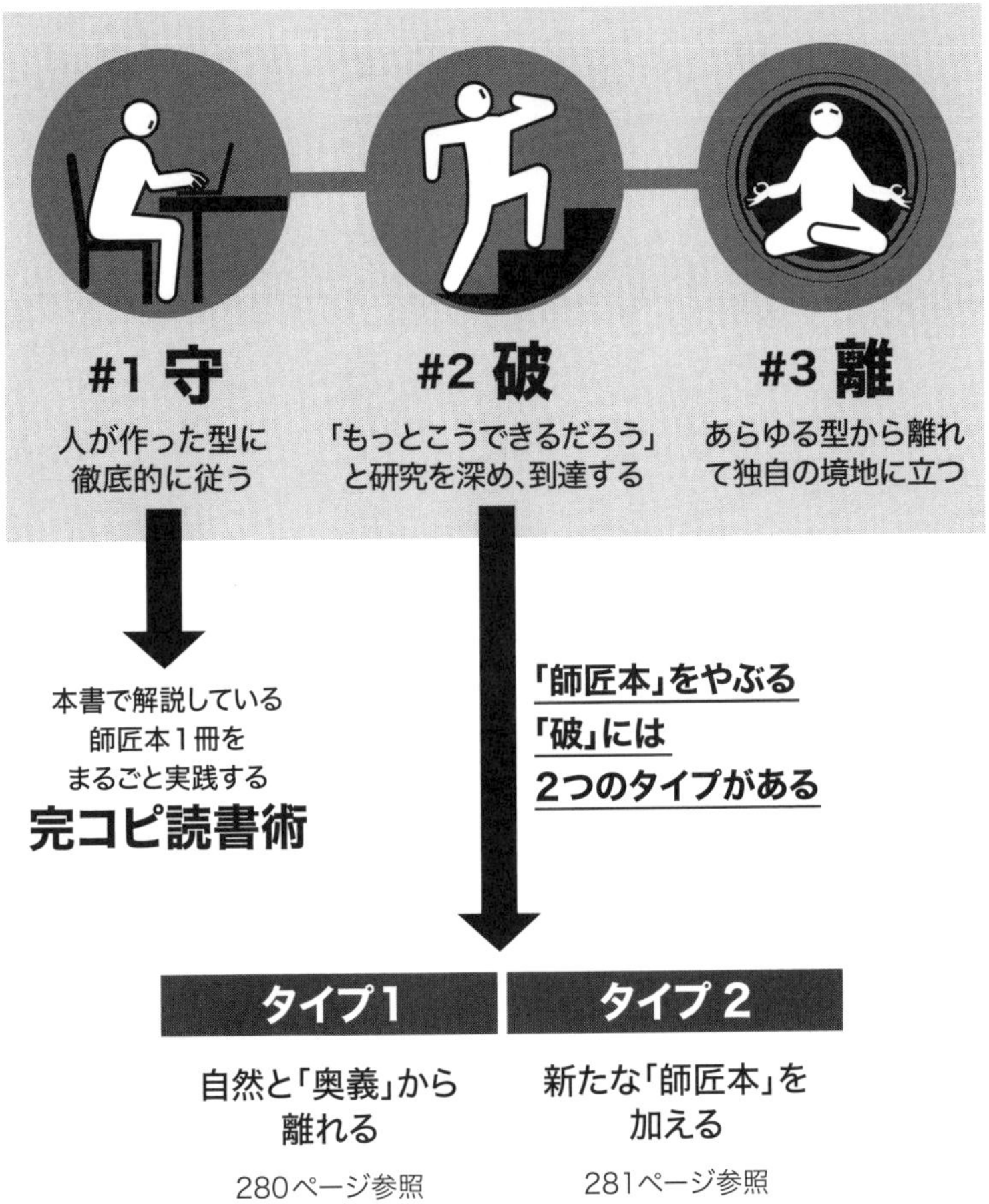
#1 守
人が作った型に
徹底的に従う
#2 破
「もっとこうできるだろう」
と研究を深め、到達する
#3 離
あらゆる型から離れ
て独自の境地に立つ
本書で解説している
師匠本1冊を
まるごと実践する
完コピ読書術
「師匠本」をやぶる
「破」には
2つのタイプがある
タイプ1
自然と「奥義」から
離れる
280ページ参照
タイプ2
新たな「師匠本」を
加える
281ページ参照

こうした場合は、「破」を求めに行くタイミングです。

ただそのときも、あくまで「守」である「奥義」や「必殺技」を体得していることは必須条件です。

「破」のタイプ1　自然と「奥義」から離れる

「破」のタイプには、まず、自然と「奥義」から離れることで功を奏するケースがあります。

220ページの「戦略アレンジ法」を使って特訓プログラムを行なっていた場合。徐々にアレンジがアレンジを呼び、成果もついてきている。そんな状態に到達できることもあるのです。

そうしたケースでは、そのまま突き進んでOK。自己流で「破」に到達している状態ですので、それは素晴らしいことです。

ただ、これはやや難易度が高く、再現性も低い。意図して目指すにはハードルが高いでしょう。

「破」のタイプ2　新たな「師匠本」を追加して、どんどん成長する

一方、特にアイディアもないけれど、今のままでは通用しなくなったと感じた場合。**これは新たな「師匠本」を追加するタイミング**であると考えてほしいのです。

「えー、『完コピ読書術』は、1冊で十分じゃなかったの？」

と思われるかもしれませんね。

たしかに「師匠本」は1冊でよい。それは事実です。

しかし、「完コピ読書術」を真剣に行なっていると、いわゆる「ゾーンに入る」

ことがよくあるのです。それは、**まさに人生の成長期。**

そんなときは、チャンスです。「完コピ読書術」を連続して行なう黄金期に突入したのです。


実際、私自身も、この黄金期を経験しました。

『もしドラ』の完コピ後、すぐに「別の部署もマネジメントしてもらえないか」というオファーをもらいました。

しかし、その部署は、私が経験したことのない店舗ビジネスをやっている部署。プレイヤーとして経験のない部署を、どうマネジメントしたらよいかわからず、困惑しました。『もしドラ』だけでは通用しないと直感的に感じたのです。

そんなときに出会ったのが、次の「師匠本」である『そうか、君は課長になったのか。』でした。

また、それから1年足らずで部長になると、今度は新しいマネージャーを育成しなくてはいけない立場になりました。

そのときに、『もしドラ』よりも、もっと直接的なマネジメント本はないか、と探し、

「師匠本」として採用したのが、『リーダーはじめてものがたり』でした。

このように、**同じ「マネジメント」というテーマでも、立場や環境によって、また自分の成長段階が進むことによって、不足はおのずと浮かんでくるものです。**

そのときには、自己流でやるよりも、新たな「師匠本」を取り入れて、今までの経験と組み合わせて実践していくほうが、圧倒的に有効性が高い。これこそが、「完コピ読書術」が提唱する典型的な「破」の状態です。

人生の中の成長期に入ったら、どんどんこの「破」を実行するべく、新しい「師匠本」に取りかかっていきましょう。

ただそれでも、私の人生で完コピした「師匠本」は、今まで7冊です。

「完コピ読書術」をやるべきタイミングは人それぞれ異なります。連続して訪れるときもあれば、数年単位で空くこともある。人生の中でグラデーションがあるものなのです。

人生が続く限り
「完コピ読書」は終わらない。

エピローグ

「師匠本」の「完コピ」で、人生はいつだって変えられる

たった1冊で、人生がほんとうに変わるの？

そう半信半疑で本書を手にとってここまで読み進めてくれた、あなた。

実際に1冊にとことん向き合って、「完コピ読書術」をやってみて、いかがでしたか？

私は「完コピ読書会」を主宰していますが、実際に体験した人からはこんな声が寄せられています。

「難しそう、自分にできるかな、と最初は思いましたが、なるほどリストを眺めているだけでもワクワクしている自分に気がつき、実践が楽しくて仕方なくなりました」

（20代・女性・自営業）

「こんなに本のノウハウを身に落とし、血肉にした経験は初めてでした！」

（40代・男性・営業）

「1冊の本ととことん向き合う読書が、こんなに楽しく、人生を変えるインパクトを持つことを初めて知りました」

（50代・女性・主婦）

「完コピ読書術」は「なりたい自分」になるための最短ルートを導き出す手法であり、1冊の本をとことん読み込む意味でも、多くの人が初めて体験する画期的な読書法です。

そして「なりたい自分」になれた、成功体験を多くの人が手にすることとなります。

では、**この「なりたい自分」の到達度って誰が決めるんでしょうか？**

それは、やはり自分なのです。

「なりたい自分」は、誰に言われるまでもなく、あくまで自分で生み出した目標です。だから到達できたかについても、決定権は自分にある。自分で「合格」を決めて良いのです。

そう考えれば、「なりたい自分」は遠い目標ではなく、あなたが、手に入れることができる「現実」なのだと、今一度、しっかり認識してほしいと思います。

だから、これからもどんどん気軽に、自由に、「なりたい自分」を描いてもいいのです。

ダメな自分が成功を願ってもいい

一方で、「完コピ読書術」をスタートするとき、ポジティブな憧れによって「なりたい自分」を思い描く人だけではないのも事実です。

できない自分、ダメな自分への絶望から生まれることも多くあります。

しかし、そんな人にこそ**「ピンチはチャンスだ」**と改めて、強く言いたい！

私も自分のキャリア像とは真逆のルートを25歳で歩み始めました。3年の専業主婦の期間を経て、復職したときには、ビジネスパーソンとして劣等生。でもだからこそ、「変わりたい！」「成長したい！」と強烈に思えました。

また、マネジメントがまったくできなかったからこそ、「師匠本」の『もしドラ』と出会って、完コピするまでやり抜けたのです。当時の**強烈な劣等感は、走るためのガソリンだった**、と今では思います。

思えば、私のルーツは少年漫画でした。小学1年生のまだ漢字もろくに読めないときに人生初、購入した漫画が『キン肉マン』でした。テレビ放送よりも早く、続きを読みたいと思うほど、のめり込んでいたのです。

強大な敵を目の前にして、絶望し、どうすればいいか必死でもがく。その先で限界突破をしていく主人公やその仲間たちに、子どもながら胸を熱くさせ、最新刊を何度も何度も、繰り返し読んでいました。

その後も、本書でもいくつか紹介してきた通り、いまだに少年漫画の愛好家。新鮮に興奮しながら読んでいます。

最近、「少年漫画は最大の自己啓発本」と、とある編集者さんが言っているのを聞いて、「そうか！」と膝を打つ感覚を得ました。

挑戦するから挫折がある。
試練があるから強くなれる。
在りたい理想があるから限界を超えられる。

幼少期から、この感覚を深く刷り込まれたからこそ「完コピ読書術」を、もがきながら編み出すことができたのではないかと思い至ったからです。

だから私は、「挫折」や「絶望」から生まれる、まるで叫びのような「なりたい自分」も、そのための「完コピ読書術」の実践も心から応援したい。そしてその役に立てるノウハウを全身全霊かけて、作ったつもりです。

人生はどんなときからでも変えられる。絶望の淵《ふち》からでも、なりたい自分になれる。

そしてそれは、**たった1冊の本からスタートできる**のです。

1冊をまるごと完全にコピーするまでやり抜く読書術。本書により、このノウハウを1人でも多くの人が手に入れてくださることを、一心に願っています。

◉おわりに

この本を書くにあたって、思い出していた人生の「師匠」がいます。
それは『絶対内定』（ダイヤモンド社）の著者であり、「平成の松下村塾を作る」というビジョンのもと、就職塾・我究館を拓《ひら》いた杉村太郎さんです。私は学生時代、この我究館に熱心に通っていましたが、当時の私は完全に落ちこぼれでした。

「おまえは本質がわかっていない」

と、言われ続けていたものの、何が「本質」なのかがわからず、困惑していました。「本質」なんて、まやかしのような言葉で、大嫌いでした。

「もっとわかりやすく、できていないところを指摘してくれれば良いのに！」

と思いながら、どこか抜けないトゲのように、私の人生で、ずっと引っかかっていた言葉でもありました。

ところが、『1冊まるごと「完コピ」読書術』を執筆するなかで、

「奥義」を特定せずに「表面コピー」をすることは、時間も労力も無駄にしてしまう危険な行為だと、肝に銘じましょう。（188ページ）

というフレーズを自ら書いたときに衝撃が走りました。

これはまさに、「本質をとらえていない」学生時代の私、そのものだったからです。

そして、きっと私と同じように、

「何かの本質をとらえられないで、苦労している人」
「自分の成長を何が阻害しているのか、わからない人」
「努力しているのに結果が出なくて、つらい想いを抱えている人」

は多いのではないかと、あらためてこの本を書く意義を噛みしめました。

「本を書くということは、自分の人生をかけて、天に剣《つるぎ》をかざして、その剣を地面に突き刺すようなものなんだ」

これは太郎さんが、『伝え方が9割』（ダイヤモンド社）の著者でもあり、『我究館』の先輩でもある佐々木圭一さんに授けた言葉です。

OB内で受け継がれてきたこの言葉を胸に、まさに天に剣をかざすつもりで執筆していたら、奇《く》しくも25年越しに本懐《ほんかい》を遂げることができ、さらにはこの本をたくさんの人に届けたいという想いに、一層の熱がこもりました。

そんな人生の師、杉村太郎さんは「原発不明ガン」に侵され、2011年に47歳という若さで、この世を去りました。

あのときの太郎さんの言葉がなかったら、そして我究館での落ちこぼれた自分がいなければ、この本も生まれなかったことでしょう。

二度と太郎さんに会うことは叶いませんが、師匠が紡《つむ》いでくれた言葉たちは、私の心の中にずっと生き続けています。

またこの本が生まれた過程において、もうひとつ語るべき場所があります。それは出版塾ブックオリティの存在です。

この本の着想のきっかけを作ってくれた塾長の高橋朋宏さん、講師の平城《ひらき》好誠《よしのぶ》さん、ほんとうにありがとうございました。「本を書く」ということの意味と、言葉を磨くスキルを、最高の環境で学ばせていただきました。

さらにPHP研究所の編集長である大隅元《げん》さん。大隅さんの適切なフィードバックとほめて伸ばしてくださる声かけに何度救われたことでしょう。初めての著書に、ずっと高い情熱をもって、ポジティブに向き合うことができたのは、大隅さんのおかげです。

そして最後に、やると決めたら、脇目もふらず、とことんやり込んでしまう私を温かく、笑顔で応援し続けてくれた家族にも、心から感謝します。

たくさんの方の想いと、言葉に支えられてできあがった本書が、多くの人の人生を好転させる、きっかけになりますように。想いと念を込めて。

あつみゆりか

★購入者特典★

「完コピ読書術」オリジナル・エクセルシート（スプレッドシート）

『1冊まるごと「完コピ」読書術』を
お読みいただいた皆さんだけに、
実践を加速する
「エクセルシート（スプレッドシート）」をプレゼント！

第４章で解説した「なるほどリスト」の作成、
「奥義」の特定などに即ご活用いただけます。

下記よりダウンロードのうえ、お使いください。

https://www.sozoinc.jp/kan-copy/list

＊シートのバージョンがアップデートされる可能性があります。
また、予告なくサービスが終了する可能性もあります

◆著者略歴

あつみゆりか

大人の学びプロデューサー。1976年、米国ボストン生まれ。3児の母。人の学びを科学するＳｏＺｏ（ソウゾウ）株式会社 代表取締役 / マイナビウエディング元編集長。

25歳で結婚出産を経験。3年の専業主婦期間を経て、復職したときにはビジネスパーソン劣等生。もがき苦しんだ末に1冊だけをやり抜く「完コピ読書術」を考案し、以後、人生が変わり始める。

現在は､社会人の学びを提供する事業を複数展開。ブライダル業界ではWEBマーケティング第一人者として各業界紙の連載や講演を行ないながら業界のマーケター育成に尽力するほか、企業向け研修ｅラーニング「SDGsビジネスラーニング」事業と、メンバー全員を売れる営業にする仕組みづくり「セールスイネブルメント｣事業を展開。2万5000人以上の社会人に学びを提供している。


今度こそなりたい自分になる！

1冊まるごと「完コピ」読書術

2024年12月19日　第1版第1刷発行
2025年 1 月29日　第1版第2刷発行

著　者　あつみゆりか
発行者　永田貴之
発行所　株式会社PHP研究所
東京本部　〒135-8137　江東区豊洲5-6-52
ビジネス・教養出版部　☎03-3520-9619（編集）
普及部　☎03-3520-9630（販売）
京都本部　〒601-8411　京都市南区西九条北ノ内町11
PHP INTERFACE　https://www.php.co.jp/

印刷所　株式会社精興社
製本所　株式会社大進堂

ISBN978-4-569-85834-0